LA BIBLIA
PARA LA
FAMILIA

TEXTOS DE **JENNY ROBERTSON**

ILUSTRACIONES DE **ALAN PARRY**

Unilit

ANTIGUO TESTAMENTO

EN EL PRINCIPIO
La creación

En el principio todo estaba oscuro. No había nada, solo vacío, pero Dios estaba allí y en Él no había oscuridad ni vacío.

Y dijo Dios: "¡Sea la luz!" Y fue la luz. En ese momento, comenzó la vida.

Así, Dios formó el mundo; creó la tierra, el cielo y el mar.

Estaba listo un suelo fértil donde podían crecer árboles. Dios estaba contento con el mundo que había hecho.

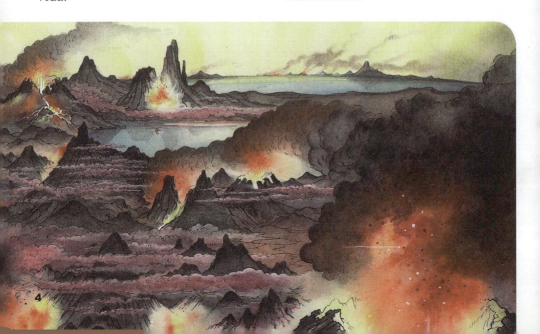

Él quería que las plantas crecieran sobre la tierra. Pequeños arbustos aparecieron por todas partes y las flores abrieron sus alegres pétalos.

La hierba se esparció sobre los montes y valles y una fresca brisa estremeció las hojas de numerosos árboles. Dios vio que todo era bueno.

Los verdes arbustos crecieron mucho y tenían diferentes colores. Los granos maduraron al sol, pero no había ratoncitos pequeños que corretearan entre el maíz ni pájaros que anidaran en los árboles y mucho menos niños que juguetearan en este maravilloso mundo.

Entonces Dios habló al mar y al cielo: "Llénense también de seres vivientes". Peces de todas formas y colores habitaron los mares y arriba, en el cielo, las aves volaron remontándose muy alto mientras cantaban. Luego dijo Dios: "Que la tierra sea habitada con animales de toda clase". Bestias enormes andaban por todas partes y los pequeños corrían tras ellos. El aire se llenó de rugidos, chillidos y relinchos de caballos. Dios los bendijo y se hicieron más numerosos. El Señor se agradó con todo lo que había hecho.

La tierra ahora estaba lista, para que los seres humanos vivieran en ella. Dios tomó un puñado de barro e hizo al hombre. Sopló en él su aliento de vida. El hombre era diferente de todo lo que Dios había hecho.

"Te he creado a mi imagen —dijo Dios—.
Tú puedes comprender la belleza del mundo
que te rodea. Puedes hablar y amar".

El hombre abrió sus ojos y vio con
asombro el mundo que Dios había creado.

Dios continuó diciendo: "Todo este
nuevo mundo es para ti. He hecho provisión
para todas tus necesidades. Puedes recoger
frutos para comer y beber agua de los ríos y
arroyos que fluyen sobre la tierra. Usa bien
este mundo que entrego a tu disposición"

El huerto del Edén

Dios colocó al hombre en un bellísimo huerto llamado Edén. El hombre caminaba por él y admiraba las flores, pues eran muy bellas. Él extendía sus manos

para tocarlas. Los sonidos llegaban a sus oídos: el alegre canto de las aves, el zumbido de los insectos y el murmullo de las aguas. El hombre tomaba agua entre sus manos y la bebía. Si sentía hambre comía alguna fruta dulce y jugosa. Todo era delicioso.

El hombre era feliz en el huerto, y lo mejor de todo era que Dios hablaba con él. "Cuida mi huerto —dijo Dios al hombre—. Come el fruto de todos los árboles que quieras, pero hay un árbol en medio del Edén cuyo fruto no debes comer. Si lo haces, pudieras llegar a entender las cosas malas y las buenas. ¡Morirás el día que lo comas!" Dios dijo: "No es bueno que el hombre esté solo". Entonces le trajo aves y animales para que le hicieran compañía.

El hombre puso nombre a cada uno de ellos. A la bestia más poderosa, con grandes garras llamó "león". Al recién nacido lanudo y retozón llamó "cordero". Al lento y pesado, "elefante" y al veloz, "ciervo". Puso nombre también al tigre y a la mariposa, al águila y al gorrión.

A todos los animales el hombre les dio un nombre, que han conservado hasta hoy. Sin embargo, aun así, esto no suplía su necesidad de compañía.

El hombre jugaba con sus nuevos amigos, pero en un momento, comenzó a sentir sueño. Se acostó y durmió muy profundo.

Entonces Dios pensó: "Aunque el hombre juegue con los animales y estos puedan ayudarle en el cuidado del huerto, no tiene un amigo de verdad, alguien con quien compartir su vida". Así que, mientras el hombre dormía profundamente, Dios hizo una mujer. Cuando el hombre se despertó, ella estaba a su lado.

El hombre exclamó a Dios con regocijo: "¡Ahora sí, soy feliz en verdad! ¡Tú me has dado la compañía que necesitaba y estoy completo!" Él tomó a la mujer en sus brazos.

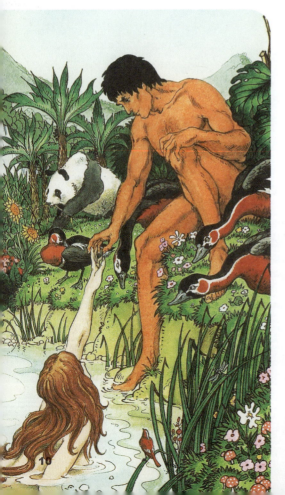

La serpiente astuta

El hombre y su esposa vivían felices en el huerto. Estaban desnudos pero no les importaba. Trabajaban juntos, atendían las plantas, recortaban las ramas de los árboles cuando crecían demasiado, cuidaban el suelo para que germinaran nuevas semillas y recogían frutos para alimentarse.

Cuando sentían cansancio, descansaban a la sombra de los árboles o se bañaban en el río que atravesaba el Edén.

Si tenían hambre, comían todo cuanto querían. En las tardes, cuando todo estaba tranquilo y fresco, el Señor Dios caminaba entre los árboles.

Cuando los llamaba, el hombre y la mujer corrían hacia Él atraídos por el sonido de su voz.

Ellos se amaban profundamente y nunca discutían. Un día la mujer salió sola a caminar entre las flores.

En un momento, ella escuchó un susurro entre las hojas de un árbol cercano. Una larga serpiente se hallaba en el tronco del árbol. Era la criatura más astuta de todas las creadas y para sorpresa de la mujer comenzó a hacerle preguntas.

—¿Es cierto, que Dios les prohibió comer cualquiera de los frutos del huerto?

—¡No es cierto! —respondió ella—. Podemos comer tantas frutas como deseemos, excepto de un árbol. Dios nos advirtió que moriremos el día que comamos de él.

—Seguro Dios no ha dicho tal cosa —susurró la serpiente—. Mira, has encontrado ese delicioso fruto del cual Dios les habló, el fruto que los hará sabios. ¡Come! ¡Podrás entenderlo todo, tal como Dios!

La mujer miró hacia el árbol y vio que sus ramas estaban inclinadas por el peso del reluciente fruto.

Parecía tan delicioso que deseó probar uno.

La mujer, engañada por la serpiente, suspiró y dijo:

—¡Qué maravilloso es ser sabio! —tomó uno de los frutos y comenzó a comerlo poco a poco. En ese momento se acercó su esposo.

—¡Estás comiendo la fruta prohibida! ¡Vas a morir! —le dijo asombrado.

—La comí y no he muerto —se burló la mujer—. La fruta me ha dado sabiduría. Es la más dulce del jardín. Pruébala y verás.

Entonces el hombre tomó una fruta y también la comió. De inmediato se miraron el uno al otro, con un nuevo entendimiento. Entonces se dieron cuenta:

"¡Estamos desnudos!" Ahora sentían vergüenza. Enseguida cortaron gruesas hojas de higuera, las cosieron y se cubrieron con ellas.

Una amistad arruinada

Esa tarde, escucharon la voz de Dios que los llamaba mientras caminaba en el huerto y sintieron algo nuevo: miedo. Ellos no habían cumplido la única regla del Edén y se escondieron asustados.

—¿Dónde están ustedes? ¿Por qué se esconden? —los llamó Dios. El hombre y la mujer le respondieron, pero su amistad con Dios se había roto.

—Estaba asustado porque estoy desnudo y por eso me escondí —mintió el hombre.

—¿Cómo supiste que estabas desnudo? ¿Has comido del fruto que te prohibí comer? —preguntó Dios.

—Fue la mujer —acusó el hombre a su esposa—. Ella me lo dio a probar.

—¿Por qué comiste el fruto? —preguntó Dios a la mujer.

—La serpiente me engañó —contestó ella.

ángel vigilaba las puertas con una espada de fuego, de modo que no pudieran regresar jamás.

Ellos sabían que un día sus cuerpos morirían, pero la belleza que una vez conocieron en el mundo perfecto de Dios había muerto para ellos por desobedecer el mandato divino y comer el fruto que los hizo sabios.

—La maldad entró a mi huerto —dijo Dios—. ¿Me oyes, serpiente? A partir de ahora los hijos de esta mujer serán tus enemigos y tú tendrás que arrastrarte sobre la tierra.

Entonces Dios se volvió a la mujer y le dijo: —Por haber escuchado a la serpiente, darás a luz a tus hijos con dolor y conocerás la ansiedad y la aflicción en tu matrimonio.

En cuanto a ti, hombre, has tenido una vida fácil aquí. La tierra te daba sus mejores frutos, que cosechabas con facilidad. Desde ahora tendrás que trabajar para obtener tu alimento.

Entonces Dios los vistió con pieles de animales y los echó del Edén para siempre. Con tristeza, se alejaron del huerto. Detrás de ellos, un

SALVOS EN EL ARCA
Caín y Abel

El hombre y la mujer tuvieron que construir su casa fuera del huerto del Edén. Trabajaban duro para obtener su alimento, tal como Dios les había dicho. Con frecuencia se sentían cansados y hambrientos, pero ahora sabían que si no trabajaban no tendrían comida.

A menudo discutían. Era muy diferente a la vida feliz que llevaban en el Edén. No obstante, a pesar de haber estropeado su amistad con Dios, Él aún los amaba y cuidaba de ambos, aunque no siempre se daban cuenta de eso.

Después de un tiempo, la mujer quedó embarazada y tuvo un hijo. Para ese entonces, el hombre y la mujer tenían nombres: él se llamaba Adán y ella Eva.

Al nacer su primer hijo lo llamaron Caín. Después tuvieron otro varón al que llamaron Abel.

Cuando crecieron ayudaban a sus padres a trabajar. Caín cultivaba la tierra, sembrando vegetales y trigo, mientras que Abel pastoreaba los rebaños de ovejas y cabras. Debido a la maldad que había entrado en el mundo cuando Adán y Eva desobedecieron a Dios, ellos no eran una familia feliz. A menudo, Caín sentía celos de Abel y algunas veces lo odiaba en secreto.

Un día, decidieron dar una ofrenda a Dios. Ellos levantaron un altar de piedras para poner sus presentes sobre él. Caín llevó un poco de vegetales y granos y Abel un cordero. Este escogió con esmero el mejor de su rebaño.

Dios se agradó más de la ofrenda de Abel que la de Caín, porque Abel había ofrecido lo mejor que tenía. Caín se dio cuenta de ello y se enojó mucho.

—No te enojes tanto —aconsejó Dios a Caín—. El mal carácter te hará hacerles daño a otros; si lo permites te destruirá.

Los celos y el enojo no dejaron que Caín escuchara.

—Ven al campo —dijo a Abel su hermano. Y allí lo mató.

Al instante escuchó la voz de Dios que preguntaba: —¿Dónde está tu hermano?

—¿Cómo podría saberlo? —contestó Caín.

—¿Por qué has hecho algo tan terrible? Has matado a tu hermano —dijo Dios—. ¡Ahora tienes que abandonar este lugar! ¡No podrás cultivar más la tierra donde enterraste a tu hermano!

Entonces Caín tuvo que despedirse de sus afligidos padres, pero sin embargo, Dios lo cuidaba dondequiera que iba. Por último, se estableció en una tierra lejana. Allí edificó una ciudad y tuvo su propia familia.

Noé construye un arca

Pasaron muchos años y el mundo comenzó a llenarse de personas, pero eran muy malas. Robaban y se mataban unos a otros, por lo que Dios lamentó haber creado seres humanos que se trataran tan mal.

Él se enojó por la maldad que vio. Pero quedaba un solo hombre que aún amaba a Dios y seguía sus caminos. Se llamaba Noé.

Así que Dios advirtió a Noé:
—Los hombres son tan crueles que se están destruyendo entre sí, y a mi hermoso mundo. Voy a enviar mucha lluvia. Todos los lagos, ríos e incluso el propio mar, se desbordarán y correrán sobre la tierra hasta que todos los seres vivientes se ahoguen en la inundación. Prometo salvarte a ti y a tu familia —continuó Dios—. Debes construir un arca...

Dios le explicó con detalles a Noé cómo debía hacerla. Tenía que construirla con una clase especial de madera y ser de tres pisos. El arca completa debía medir ciento cincuenta metros de largo y estar cubierta por dentro y por fuera con un revestimiento especial para que pudiera flotar.

Noé obedeció paso a paso las instrucciones de Dios. Toda su familia lo ayudó.

Todos los días, un gentío asombrado observaba cómo ellos cortaban los árboles y alisaban la madera. Poco a poco el arca comenzó a tomar forma, pero los espectadores se burlaban.

—Noé está loco. ¡Aquí no hay agua para hacer flotar un barco!

17

Noé no hizo el menor caso. Después, Dios le dijo que llevara al arca una pareja de todas las especies de animales, aves y reptiles.

Noé y su familia reunieron a los animales y los llevaron al arca. Por parejas, un macho y una hembra: tigres, elefantes, gorriones, ratones...

Todos tenían que entrar en el arca antes que comenzara la lluvia.

Cuando los animales estuvieron a salvo dentro del arca, Noé y su familia subieron a la nave. Echaron una última mirada al mundo que dejaban fuera del arca y entonces Dios cerró la puerta del gran barco.

El diluvio

De repente hubo un resplandor de relámpagos y un retumbar de truenos. Las abultadas nubes oscuras que llenaban el cielo, reventaron y comenzó a llover. El agua cayó sobre los montes, llenó los valles y su nivel se elevaba más y más.

El arca empezó a moverse, flotando con suavidad sobre las aguas. Por todas partes, la gente intentaba escapar. Con mucha rapidez, el arca se elevaba sobre un remolino de agua espumeante hasta que se bamboleó sobre las cumbres de las más altas montañas.

Todos los seres vivientes sobre la tierra se ahogaban, mientras el mar cubría el mundo entero.

Dentro del arca, Noé y su familia estaban apretados y muy limitados de espacio. Todos estaban ocupados desde la mañana hasta la noche limpiando las plumas, cambiando la paja, trayendo agua y alimentos a los animales.

Aunque cuidaban de todos, en especial, de aquellos que sufrían mareos, les alcanzaba el tiempo para jugar con sus nuevos amigos.

Durante cuarenta días y noches el sonido de la lluvia continuó sobre el arca. Pero Dios no olvidó a Noé ni a los animales. Por fin, la lluvia terminó y el viento comenzó a soplar sobre el mundo sumergido en agua. Poco a poco el nivel de las aguas descendía, hasta que por fin el arca se detuvo en la cumbre de un monte llamado Ararat.

El viento continuó soplando.

Muy pronto los picos de otras montañas se vieron como rocas que sobresalían del mar.

Noé abrió una de las ventanas del arca y decidió enviar un cuervo a explorar. El pájaro agitó fuertemente sus alas y voló lejos. Regresaba y volvía a volar otra vez mientras las aguas descendían sobre la tierra. Poco después, Noé envió una paloma.

Todos se reunieron para observar el ave volar, pero como no encontraba un lugar donde posarse, regresaba al arca. Una semana después, Noé envió de nuevo la paloma. Todo el día la familia aguardó con ansiedad lo que pasaría, entonces, en la tarde, el ave regresó. Todos aplaudieron alegres al ver que traía una ramita de olivo en su pico. Ahora sabían que los árboles comenzaban a crecer. Pronto estarían en condiciones de abandonar el arca y comenzar de nuevo sus vidas.

Llegó por fin el día cuando Dios dijo a Noé:

—Ahora puedes dejar salir a los animales.

Entre revolotear de plumas y resonar de pezuñas, salieron con rapidez del arca y se apresuraron a buscar nuevos hogares.

Noé y su familia fueron los últimos en salir del arca con pasos temblorosos, respirando el aire fresco y estirando brazos y piernas. Era bueno estar vivo en aquel mundo nuevo y limpio.

Como una forma de agradecer a Dios por este nuevo comienzo, Noé le edificó un altar de piedras y le ofreció algunas aves y animales.

Entonces Dios dijo a Noé:

—Nunca más enviaré otro diluvio a destruir el mundo. Hasta el final de los días, permanecerá la siembra y la cosecha, el verano y el invierno, el día y la noche.

Dios prometió esto a Noé, a su familia y a todos los seres vivientes sobre la tierra.

—Como prueba de esto, pondré mi arco en el cielo para que ustedes recuerden mi promesa. Cuando el arco iris brille a pesar de las nubes de tormenta, sabrán que estoy recordándoles que nunca más enviaré un diluvio para destruir la tierra.

Un arco de bellísimos colores resplandeció en el cielo. Noé y su familia se regocijaron bajo el arco iris.

LA FAMILIA DE ABRAHAM
Abraham emprende un largo viaje

Noé y su familia trabajaron duro en el nuevo mundo. Labraron la tierra para cosechar sus propios alimentos. Cuando los nietos de Noé crecieron, se mudaron a otras tierras y edificaron ciudades. Después de muchos años, el mundo volvió a llenarse de mucha gente. Comenzaron a descubrir nuevas formas de hacer las cosas, construyeron casas más fuertes y confeccionaron vestidos más finos. Algunas personas comenzaron a hablar de forma diferente y surgieron nuevos lenguajes. Todos estaban tan ocupados que comenzaron a olvidar lo que sabían acerca de Dios.

Al cabo del tiempo, no quedó nadie que tuviera una imagen correcta de Dios. La gente adoraba diferentes dioses, el sol, la luna y estatuas hechas de piedra. Dios sabía que debía revelarse a las personas otra vez.

En la ciudad de Harán, en el país que hoy llamamos Turquía, vivía un hombre llamado Abraham. Las personas de Harán eran ricas.

Construyeron casas de piedra en patios con sombra para protegerse del ardiente sol y mantenerse

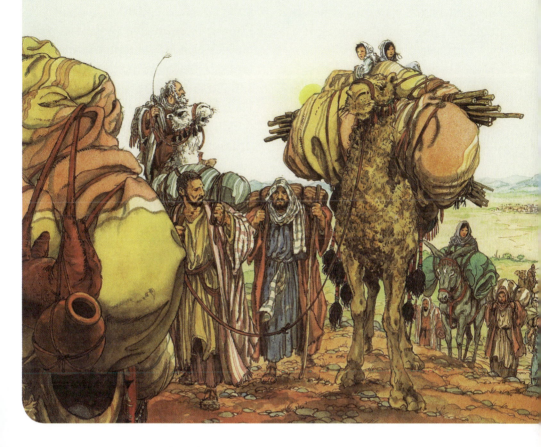

frescos. Sus casas estaban decoradas con muebles hermosos y elegantes cerámicas y usaban vestidos finos y joyas.

Un día Abraham se detuvo a mirar una larga comitiva que transitaba cantando y bailando. Se dirigían a adorar a la diosa luna.

"¿Por qué tengo que reunirme con ellos? —se dijo Abraham a sí mismo—. Ellos van a adorar a la luna. Pero yo quiero adorar al Dios que hizo la luna y el sol".

Entonces Dios habló a Abraham:

—Tú debes dejar Harán e ir a la tierra que yo te mostraré. Te llevaré allí y te la entregaré a ti y a tus hijos. Serás el padre de una gran nación.

Abraham hizo lo que Dios le había dicho. Él, su esposa Sara y su sobrino Lot, dejaron su vida cómoda en la ciudad y se marcharon en busca de la tierra desconocida que Dios les había prometido. Ellos vivían en tiendas que llevaban consigo. Tenían rebaños de ovejas y cabras que les daban leche y carne durante el viaje. Los sirvientes y pastores viajaban con ellos para cuidar los animales.

La Tierra Prometida

Viajaban sin prisa, acampaban dondequiera que encontraron agua y proseguían después. Lot tenía sus propias ovejas, tiendas y criados. Pero el país escabroso y lleno de colinas brindaba escaso pasto para tantos rebaños. A veces, no había suficiente espacio para armar todas las tiendas alrededor de los pozos donde ellos acampaban. Surgieron problemas, porque los criados de Lot comenzaron a pelear con los hombres de Abraham.

—Debemos separarnos —dijo Abraham a Lot—. Toda la tierra se extiende delante de nosotros. Escoge el camino por donde quieras ir y yo iré en dirección contraria.

Lot escogió la tierra de mejor apariencia en la rica y fértil llanura del Jordán. Él y sus hombres partieron y acamparon cerca de una ciudad llamada Sodoma. Allí la gente era cruel, malvada y nadie adoraba a Dios.

Fiel a su promesa, Abraham y sus hombres fueron por el camino opuesto y armaron sus tiendas en la tierra de Canaán. Entonces Dios habló a Abraham otra vez.

—Mira a tu alrededor, Abraham. Observa al norte, al sur, al este y al oeste. Esta es la tierra que yo te prometí. Te pertenecerá a ti y a los hijos de tus hijos para siempre. Te la entregaré.

Haré de ti una nación tan grande, que nadie podrá contarlos a todos. Si alguien fuera capaz de contar cada partícula de polvo sobre la tierra, solo entonces pudiera conocerse el número de tus descendientes.

Aunque Abraham y Sara no tenían hijos y ella era una mujer mayor, él creyó en la promesa de Dios y construyó un altar de piedras, encendió fuego sobre él y adoró a Dios.

Un día, un mensajero trajo malas noticias a Abraham. Lot estaba preso.

—Nuestros enemigos hicieron la guerra a Sodoma y a cuatro ciudades de la llanura donde vive Lot —dijo este—. Los reyes de Sodoma y demás ciudades salieron con sus ejércitos y marcharon a través del valle para pelear contra sus atacantes. Perdieron la batalla y el rey de Sodoma intentó escapar, pero tropezó y cayó en un profundo pozo de petróleo. Entonces el enemigo apresó a todos en Sodoma, incluyendo a tu sobrino Lot y se apoderó de todas nuestras posesiones. Yo escapé y vine a contártelo.

Abraham reunió a todos los guerreros de entre sus seguidores. Ellos persiguieron al enemigo. Al oscurecer, atacaron por sorpresa y rescataron a Lot, su familia y sus posesiones. Entonces condujeron a los ejércitos vencidos, lejos, al norte.

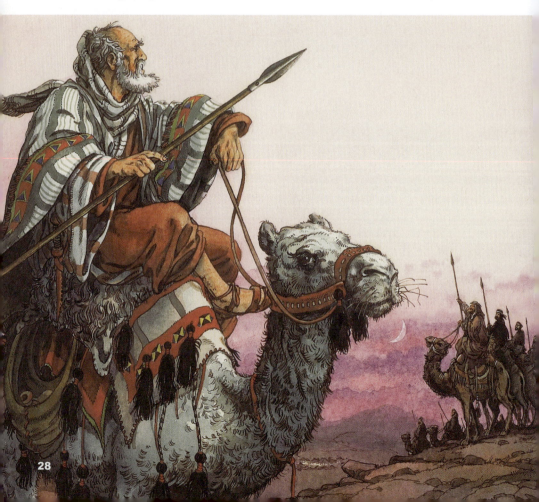

La promesa de Dios se convierte en realidad

Pasaron muchos años. Dios repetía su promesa de darle a Abraham y a Sara muchos descendientes, pero aún no los tenían.

Una tarde, Abraham estaba sentado a la sombra de su tienda. Era la hora más calurosa del día. De repente, vio a tres desconocidos que se acercaban. Abraham corrió hacia ellos y les saludó con reverencia.

—Bienvenidos señores —dijo él—. Por favor, deténganse aquí a descansar. Déjenme traerles agua para que puedan lavar sus pies Siéntense a la sombra de estos árboles mientras voy a preparar comida para ustedes.

—Gracias —contestaron los desconocidos y Abraham corrió a su tienda.

Él llamó a Sara y prepararon para ellos un banquete con harina, tortas, carne de ternera, mantequilla y leche. Abraham llevó la comida a los desconocidos.

—¿Dónde está tu esposa Sara? —preguntaron ellos.

—Está cerca, en la tienda.

—¡El próximo año Dios le dará un hijo! —dijeron ellos.

Sara oyó sin querer la conversación y se rió consigo misma.

"Estoy demasiado vieja para tener un bebé"—pensó.

Pero estaba equivocada. Al año siguiente tuvo un hijo así como le dijeron los desconocidos. Por haberse reído de aquella idea, llamó al niño "Isaac", que significa risa.

Su bebé los hizo muy felices. Isaac creció hasta convertirse en un fuerte muchacho.

Dios estaba complacido al ver que Abraham había confiado en que Él les daría un hijo. Ahora decidió comprobar si en verdad Abraham creía en Él y quería obedecerlo.

—Toma a tu hijo Isaac, y ofrécelo como un sacrificio a mí —dijo Dios. Abraham sintió que el corazón se le destrozaba ante la idea de sacrificar a su hijo, pero confiaba en Dios y quería hacer su voluntad. Una mañana bien temprano, antes que alguien más despertara, Abraham llamó a dos de sus criados para preparar el viaje. Después despertó a Isaac. Los cuatro salieron hacia una montaña alta, un viaje de tres días desde su campamento.

Allí, Abraham les dijo a sus

criados que esperaran.

—Isaac y yo iremos a la montaña a orar —dijo él.

Abraham llevaba leña de su casa. Era Isaac quien la cargaba.

—¿Vamos a ofrecer una ofrenda? —preguntó Isaac.

—Sí —contestó su padre.

—¿Dónde está el animal para nuestro sacrificio? —preguntó Isaac mientras subían la montaña.

—Dios lo proveerá, Isaac —contestó Abraham.

Isaac miró a su alrededor, pero no había señales de cabras o corderos por ningún lado.

Poco después, llegaron a un lugar rocoso donde crecían arbustos llenos de espinas. Abraham se detuvo y desató la leña que traía

Isaac. Hizo un altar y juntó la madera encima.

Entonces, Abraham tomó a Isaac, lo ató al altar y levantó su cuchillo.

La voz de Dios se dejó escuchar:

—¡Abraham! ¡Abraham! ¡No lastimes a tu hijo! Ahora sé que confías en mí y me amas con todo tu corazón, pues estuviste dispuesto a ofrecerme a tu único hijo.

Abraham miró hacia arriba. Mientras lo hacía vio a un carnero atrapado en un arbusto espinoso, por sus largos y enroscados cuernos.

—Dios ha provisto para nuestro sacrificio —exclamó Abraham lleno de alegría.

Él desató a Isaac y lo abrazó muy fuerte. Entonces ofreció el carnero sobre el altar en lugar de su hijo. Tan pronto las llamas saltaron relucientes, Dios habló a Abraham otra vez.

—Como estuviste dispuesto a rendirme a tu único hijo, prometo que te daré tantos descendientes como estrellas hay en el cielo y granos de arena en el mar.

Abraham e Isaac adoraron a Dios y después Abraham llevó a su hijo de regreso a casa. Ahora él estaba seguro de que Dios jamás le fallaría.

Rebeca e Isaac

Cuando Isaac llegó a la edad adulta, Sara había muerto y su padre era muy anciano. Abraham decidió que ya Isaac estaba en edad de contraer matrimonio y tener su propia familia. Así que envió un criado de regreso a Harán.

—Estoy seguro de que alguno de mi familia aún vive en Harán —Abraham explicó a su criado—. Quiero que encuentres a mis parientes y escojas una esposa para Isaac entre las muchachas de allí, como es nuestra costumbre.

El criado se puso en camino. Llevó a varios ayudantes con él y una hilera de camellos cargados de costosos regalos para la novia.

"¿Cómo voy a encontrar a la muchacha adecuada cuando llegue a Harán?" —pensaba el criado.

Al fin, divisaron las murallas de Harán. El criado bajó del camello y esperó junto al pozo. Él comenzó a orar: "Por favor, Señor, ayúdame a encontrar a la familia de mi amo, en este lugar desconocido".

En ese preciso instante, escuchó conversaciones y risas. "Las muchachas vienen a sacar agua del pozo" — pensó.

Entonces tuvo una idea y suplicó otra vez: "Señor, voy a pedirle agua a una de las muchachas. Si me da de beber de su vasija y me ofrece también agua para los camellos, entenderé que esa es la novia que has escogido para el hijo de mi amo".

Una muchacha se acercó al pozo, antes que él terminara su oración.

—Por favor, dame de beber —pidió el criado.

De inmediato, ella levantó su pesada vasija de agua.

—Por supuesto. Y también les daré agua a los camellos —dijo ella y regresó al pozo.

Le dio agua al viajero y a los sedientos camellos que se reunieron para beber el agua con ansiedad mientras el criado observaba asombrado, cómo Dios había respondido su oración con tanta rapidez.

Cuando los camellos bebieron lo suficiente, el criado entregó a la muchacha dos pesados brazaletes de oro y un anillo y le preguntó:

—¿Cómo te llamas?

—Rebeca —contestó ella—. Toda mi familia vive en Harán, pero el hermano de mi padre, de nombre Abraham, se fue de la casa y se mudó a Canaán.

Tan pronto escuchó esto, el criado se postró en tierra y agradeció a Dios por permitirle encontrar enseguida a los parientes de su amo.

Rebeca corrió a la casa a contarle a su familia lo ocurrido. Sus padres dieron la bienvenida al criado y le ofrecieron una buena cena. Entonces él les preguntó si

Rebeca podía ir a Canaán y casarse con Isaac.

—Debes preguntarle a ella misma —dijeron ellos.

—Sí. Iré contigo y me casaré con Isaac —respondió Rebeca.

Ella se preparó y partió con el criado de Abraham. Viajaron sobre sus camellos un largo trayecto, y una tarde, mientras cruzaban los campos silenciosos, un hombre vino corriendo a reunirse con ellos.

—¿Quién es ese hombre? —le preguntó Rebeca al criado.

—Es Isaac, el hijo de mi amo —contestó él.

Rebeca escondió su cara tras el velo y bajó del camello, mientras Isaac corría hacia ella. Él se enamoró de Rebeca en cuanto la vio y la llevó junto a su padre. Entonces, Rebeca se convirtió en la novia de Isaac y encontró un nuevo hogar en la familia de Abraham.

Jacob y Esaú

Rebeca e Isaac fueron muy felices, pero no tenían hijos. Así que Isaac pidió a Dios un hijo y a su tiempo Rebeca tuvo gemelos. Los llamaron Esaú y Jacob.

Los gemelos eran muy diferentes. Jacob era el preferido de su madre.

Él se quedaba en casa y atendía a las ovejas y las cabras, pero Esaú se había convertido en un hombre fuerte de cabellos rojizos, que le gustaba salir a cazar. Su padre disfrutaba la deliciosa carne de venado que él traía a casa para cocinar. ¡Esaú era el hijo preferido de Isaac!

Para ese tiempo, Abraham había muerto e Isaac era un anciano. Jacob sabía que cuando Isaac muriera, Esaú, que era el primogénito, tendría la mayor parte de las riquezas de su padre y gobernaría la familia.

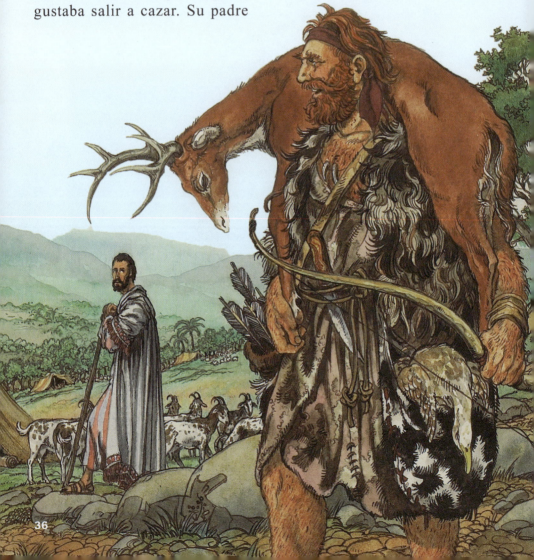

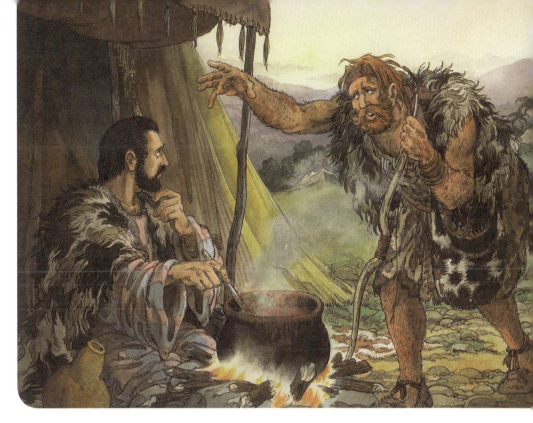

Un día, Esaú llegó a la casa muy cansado y hambriento. Jacob cocinaba un potaje de lentejas en una olla grande.

—¡Me muero de hambre! ¡Dame un poco de ese guiso rojo que estás cocinando antes que desfallezca! —le rogó Esaú.

Jacob revolvía el espeso guiso rojo y no cesaba de pensar.

—¡Está bien, puedes comer algo, pero solo si estás de acuerdo en darme tus derechos como hijo mayor, por los bienes de nuestro padre! —dijo Jacob.

—¿Para qué bienes, si me muero de hambre? —gritó Esaú—. ¡Puedes tenerlos!

—Promételo —insistió Jacob—. ¡De lo contrario, olvidarás nuestro acuerdo cuando te sientas lleno!

Entonces, Esaú lo prometió y se comió todo el potaje que Jacob le dio. "¿Así es como valora su primogenitura?" —pensó Jacob.

Jacob roba la bendición

Isaac estaba tan anciano en esa época que apenas podía ver con claridad, pero aún disfrutaba el sabor de una buena carne. Un día dijo a Esaú:

—Hijo mío, si vas a cazar y me traes una cena deliciosa, te daré mi bendición especial. Entonces serás muy rico, feliz, y gobernarás por encima de tu hermano Jacob. ¡Nadie será capaz de apartar de ti mi bendición!

Rebeca lo oyó sin querer. Y enseguida, fue a buscar a Jacob.

—Ve a tu rebaño de cabras y tráeme dos buenos cabritos. Le cocinaremos a tu padre uno de esos deliciosos guisos que le gustan tanto, antes que Esaú regrese de cacería. Entonces le llevarás el guiso a tu padre. Él lo comerá y te bendecirá a ti, porque pensará que tú eres Esaú.

Mientras Rebeca preparaba el guiso, pidió a Jacob que se vistiera con las ropas de Esaú. Ella incluso, cubrió sus manos y su cuello con la piel de los cabritos, de modo que Isaac pudiera sentirlo tan velludo como Esaú.

Cuando todo estuvo preparado, Jacob llevó el guiso a su padre.

—¿Cuál de mis hijos eres tú? —preguntó Isaac.

—Esaú —mintió Jacob.

—Déjame tocarte —dijo Isaac.

Él recorrió la cara y las muñecas de Jacob con sus manos temblorosas.

—Tiene la voz de Jacob, pero el olor y los vellos de Esaú —murmuró para sí—. ¿Eres en verdad, Esaú?

—Sí —mintió de nuevo Jacob. Isaac comió el guiso y le dio a Jacob su bendición especial, la cual lo hacía más importante que su hermano. Satisfecho, Jacob se marchó apresurado.

Poco después, llegó Esaú muy apurado trayendo su tazón de guiso.

—Aquí lo tienes, padre. ¡Cómelo y bendíceme!

Isaac se sintió muy triste.

—Acabo de bendecir a un hombre con la voz de Jacob, pero con el olor y los vellos de Esaú. ¡No puedo bendecirte a ti también!

—¡Ese fue Jacob! —gritó Esaú enojado—. ¡Me estafó la parte de tus bienes que me correspondía, y ahora robó mi bendición!

Esaú estaba furioso, porque una bendición era como lanzar una flecha al vuelo. No podía recuperarse. Esaú se enojó tanto que intentó matar a su hermano. Jacob tuvo que huir y Rebeca lo mandó a casa de su hermano Labán, en Harán, para que estuviera a salvo.

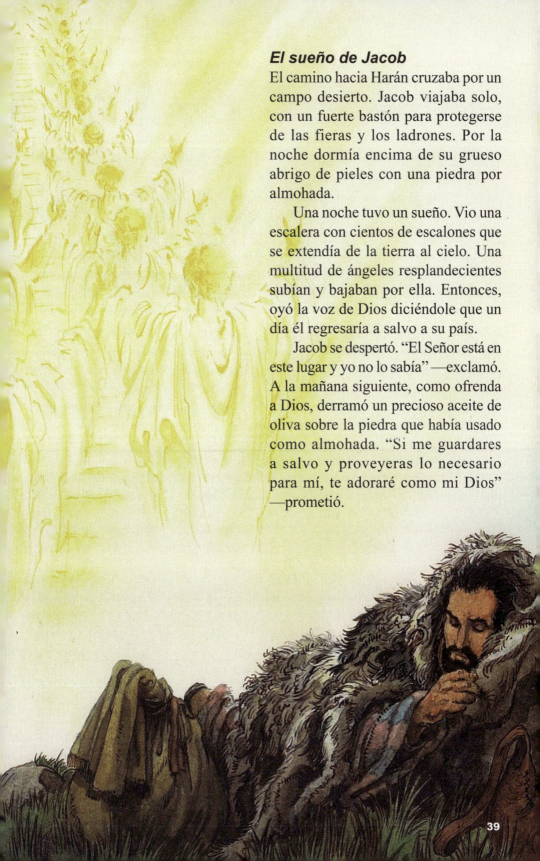

El sueño de Jacob

El camino hacia Harán cruzaba por un campo desierto. Jacob viajaba solo, con un fuerte bastón para protegerse de las fieras y los ladrones. Por la noche dormía encima de su grueso abrigo de pieles con una piedra por almohada.

Una noche tuvo un sueño. Vio una escalera con cientos de escalones que se extendía de la tierra al cielo. Una multitud de ángeles resplandecientes subían y bajaban por ella. Entonces, oyó la voz de Dios diciéndole que un día él regresaría a salvo a su país.

Jacob se despertó. "El Señor está en este lugar y yo no lo sabía" —exclamó. A la mañana siguiente, como ofrenda a Dios, derramó un precioso aceite de oliva sobre la piedra que había usado como almohada. "Si me guardares a salvo y proveyeras lo necesario para mí, te adoraré como mi Dios" —prometió.

Después continuó su camino. Dios estaba con él y lo condujo a salvo hasta donde vivía su tío Labán.

Por el camino Jacob conoció a una preciosa muchacha, que pastoreaba ovejas, llamada Raquel.

—Esa es la hija de Labán —le dijeron otros pastores—. Ella trae su rebaño aquí, para darle de beber.

Jacob corrió al instante para ayudarla. Movió hacia atrás la pesada piedra que cubría el pozo y sacó agua para que las ovejas bebieran. Cuando Raquel intentó agradecerle, él sonrió, la besó y le explicó:

—Yo soy tu primo.

¡Sin embargo, no le dijo que se había enamorado de ella!

Ella corrió a su casa a contárselo a su padre, quien le dio a su sobrino una gran bienvenida. Jacob se reunió con el resto de la familia, incluyendo a Lea, la hermana mayor de Raquel.

Él se quedó con ellos un mes y trabajó duro ayudando a su tío con las ovejas.

—No deberías hacer todo este trabajo para mí sin recibir un sueldo, solo porque eres mi sobrino —dijo Labán—. ¿Cuánto tengo que pagarte por ayudarme?

—¡Trabajaré para ti siete años más, si me das a Raquel por esposa! —sin pensarlo, Jacob contestó.

—Por supuesto —dijo Labán. Jacob trabajó durante siete años muy duro. Amaba tanto a Raquel, que el tiempo pasó con rapidez para él. Jacob la veía crecer y cada año le parecía más bella.

Labán engaña a Jacob

Cuando transcurrieron los siete años, Jacob recordó a su tío su promesa. Labán preparó una fiesta de bodas e invitó a todos sus amigos y vecinos, pero Lea la hermana de Raquel, no fue vista en ninguna parte. Por supuesto, como era la costumbre, la novia estaba envuelta en velos.

A la mañana siguiente, Jacob abrió las cortinas y vio el rostro de la muchacha que durmió a su lado.

Era Lea.

Jacob saltó de la cama y corrió al encuentro de Labán.

—Me has engañado —se quejó Jacob—. Trabajé siete años por Raquel y me has casado con Lea.

¿Por qué me engañaste?

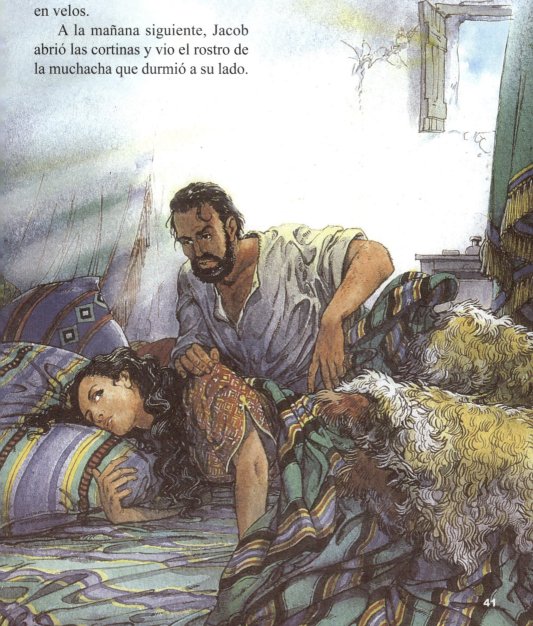

41

Labán intentó tranquilizar a su enojado sobrino, y le explicó:

—¿No sabías que la costumbre de nuestro país, es que la hija mayor debe casarse primero? No podía dejar que te casaras con Raquel, pero escucha, solo espera que pasen todas las festividades y los invitados se marchen a sus casas y yo te daré también a Raquel, a cambio de que trabajes otros siete años para mí.

Jacob estuvo de acuerdo. No podía hacer otra cosa. Él no tenía posesiones, excepto los derechos a los bienes de su padre y la bendición que había conseguido de él, por medio del engaño y aprovechando que su hermano menospreció su primogenitura.

Al terminar la semana, Raquel se convirtió en su esposa. Jacob prestaba poca atención a Lea ahora que Raquel era suya. Sin embargo, los años pasaron y ya Lea tenía cuatro hijos y Raquel no tenía ninguno.

Por fin, Raquel tuvo un hijo y Jacob lo amó más que a los demás. Y le puso por nombre José.

Los hermanos se hacen amigos otra vez

Jacob se quedó mucho tiempo con Labán. Trabajó duro y se hizo muy rico. Tenía muchos rebaños de ovejas y cabras y era padre de once hijos e hijas. Todos podían ver que Dios lo había cuidado, pero Jacob todavía sentía miedo de su hermano Esaú.

Un día, Dios le dijo a Jacob que había llegado el momento de regresar a su país y aunque estaba asustado hizo lo que Dios decía.

Cuando estaban cerca de su país, oyeron que Esaú venía al encuentro de ellos, acompañado de cuatrocientos hombres. Jacob estaba aterrado, pero oró para que Dios protegiera a su familia. Cuando Esaú estuvo a la vista, Jacob se postró frente a su hermano, pero Esaú lo levantó y le dio un abrazo. Entonces, Jacob presentó toda su familia a Esaú y le regaló parte de sus rebaños. Él insistía diciendo:

—¡Acéptalos! Dios ha sido bueno conmigo, y me ha dado todo lo que necesito, pero lo mejor de todo es que somos amigos otra vez.

Los hermanos se separaron en paz, y Jacob con su familia continuaron el viaje. Pero antes de alejarse mucho más, ocurrió algo muy triste. Raquel murió dando a luz a su segundo hijo.

Enterraron a Raquel en un pueblecito llamado Belén. Jacob continuó su viaje con mucha tristeza. Le puso a su nuevo bebé el nombre de Benjamín. Él amó a José mucho más, ahora que Raquel había muerto y siempre lo favoreció más que a sus otros hijos.

JOSÉ
El hijo favorito

Cuando José era un adolescente, Jacob le regaló a su hijo preferido una túnica muy hermosa. Sus hermanos se pusieron celosos.

Ellos estaban muy enojados y no le decían a José ni una palabra amable.

Se enojaron más aun cuando José les contó un sueño que tuvo.

—Soñé que estábamos todos en el campo atando manojos en tiempo de cosecha. Mi manojo se levantaba y estaba derecho y los de ustedes estaban alrededor y se inclinaban ante el mío.

Ellos se burlaron diciendo:

—¡Eres demasiado grande para tus botas! Te sientes importante en tu lujosa túnica nueva y piensas que puedes dirigirnos a nosotros.

—¡Bueno, eso no es todo, tuve otro sueño! ¡El sol, la luna y once estrellas llegaron y se inclinaron delante de mí!

Los hermanos sabían que José los identificaba con las once estrellas y su madre y su padre eran la luna y el sol.

Estaban furiosos. Incluso Jacob regañó a José cuando sin intención oyó el relato, pero el anciano pensaba con frecuencia en estos sueños y se preguntaba si se convertirían en realidad.

Poco tiempo después, los diez hermanos mayores de José llevaron sus rebaños de ovejas y cabras a buscar nuevos pastos. Jacob envió a José a llevarles alimentos y ver cómo se encontraban.

José se puso su túnica nueva y partió. Sus hermanos lo vieron a lo lejos y gritaron:

—¡Miren! ¡Aquí viene el soñador! ¡Vamos a quitarle su túnica y luego lo matamos! ¡Le diremos a nuestro padre, que un animal salvaje se comió a su pequeño y querido José!

Pero el hermano mayor, Rubén, dijo: —No. No queremos derramamiento de sangre. No matemos al muchacho, solo démosle una lección. Él en verdad la necesita, pero no le hagamos daño. Echémoslo en este pozo vacío.

Los demás estuvieron de acuerdo.

—Hola, hermanos —gritó José sin sospechar el peligro en que se encontraba—, anduve un largo trecho para traerles este almuerzo.

Ellos lo rodearon tirando de su túnica nueva.

—¡Ey, deténganse! ¡Déjenme en paz! Papá dijo que... —comenzó a decir José.

—¡Papá está muy lejos, en la casa! —contestaron ellos en tono de burla.

De un tirón, despojaron a José de su túnica y lo lanzaron dentro del pozo vacío. Luego se sentaron y comenzaron a disfrutar la comida que José les había traído cuando vieron venir hacia ellos una hilera de camellos a paso lento.

Observándolos exclamaron:

—¡Comerciantes en camino a Egipto! —entonces sacaron a José del pozo y a pesar de sus protestas, lo vendieron a los mercaderes por veinte monedas de plata. Los comerciantes lo amarraron y lo llevaron a Egipto, donde fue vendido como esclavo.

Los hermanos mataron una cabra y con la sangre mojaron la túnica de José. Luego la llevaron a la casa y se la mostraron a Jacob.

—Mira lo que hemos encontrado. ¿Tú la reconoces?

—Es la túnica de mi hijo. Algún animal salvaje debe habérselo comido —dijo el anciano con desesperación. Entonces rasgó sus ropas y nadie pudo consolarlo.

José, el esclavo

Mientras tanto, lejos en Egipto, los comerciantes madianitas llevaron a José para venderlo en un mercado de esclavos. A un egipcio le gustó el aspecto de José y lo compró. Su nombre era Potifar, un oficial de la guardia del rey de Egipto.

Al principio, todo iba bien para José. Su amo estaba tan complacido con él, que lo puso a cargo de todos sus asuntos.

—Tu Dios te da éxito en todo lo que haces. ¡Contigo a cargo, no tengo ningún tipo de preocupaciones!

Pero en poco tiempo, comenzaron las dificultades para José. La esposa de Potifar se fijó en el joven y apuesto esclavo y se enamoró de él. Cuando José rechazaba tomarla en cuenta por ser la esposa de su amo, ella se enfurecía. Entonces, por venganza, le contó mentiras a su esposo acerca de José.

Sin vacilar expresó: —Tu esclavo me ha atacado. Grité y él huyó, pero dejó junto a mí su ropa.

Potifar le creyó. Entonces arrestó a José y lo metió en la cárcel.

José en prisión

Fue una temporada muy difícil para José, no tenía amigos que lo visitaran o fueran a ver a Potifar para rogarle que lo pusieran en libertad. Pero Dios estaba con él y lo cuidaba. El jefe de los carceleros se fijó en José y se sintió contento con su comportamiento. Muy pronto lo puso a cargo de los demás prisioneros.

Después de un tiempo, Faraón, el rey de Egipto, se enojó con dos de sus sirvientes: el copero y el panadero. Él los envió prisioneros a la misma cárcel donde estaba José.

Una mañana, José notó que ambos prisioneros parecían preocupados y cuando les preguntó qué ocurría, ellos le contaron sobre dos extraños sueños que habían tenido la noche anterior.

—Yo vi una vid con tres ramas florecidas. Las uvas crecían en él y yo exprimía su jugo dentro de la copa de vino de Faraón —dijo el copero.

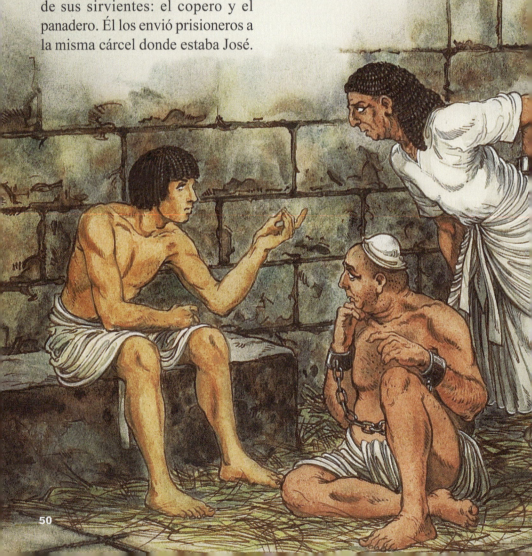

—Ese es un buen sueño —dijo José—. Las tres ramas significan tres días. En ese tiempo regresarás a tu antiguo trabajo.

—Esperemos que mi sueño sea bueno también —dijo animado el panadero—. Soñé que llevaba tres canastillos de tortas en la cabeza. En el canastillo más alto estaban las preferidas de Faraón, pero los pájaros vinieron y se las comieron.

—Me temo que el sueño no es bueno —dijo José—. Los tres canastillos significan tres días. Para ese tiempo estarás colgado en la horca y los pájaros picotearán tus huesos.

Tres días más tarde, Faraón celebró su cumpleaños. Él dispuso la libertad del copero y le dejó regresar a su trabajo, pero el panadero fue colgado tal como había dicho José.

José pensó que quizá si Faraón conocía la verdad de lo sucedido, lo sacaría de la cárcel también. Y le pidió al copero que le contara al rey, pero el hombre lo olvidó.

Los extraños sueños de Faraón

Pasaron dos años, y entonces Faraón tuvo dos extraños sueños. Les pidió entonces a los sabios de su reino que le explicaran el significado de ellos.

—Yo estaba a la orilla del río Nilo. Siete vacas gordas salieron del agua y comenzaron a pastar entre los árboles. Siete vacas más las siguieron, pero estas eran solo piel y huesos. Después una cosa extraña ocurrió, las vacas flacas se comieron a las gordas.

Los hombres sabios murmuraron entre sí, pero ninguno pudo explicar el significado de los sueños.

—Este es mi segundo sueño —dijo Faraón—. Siete espigas hermosas y llenas de granos crecían de un solo tallo. Después de ellas, otras siete espigas menudas brotaron y se comieron los granos buenos. Nadie supo tampoco el significado del segundo sueño. De repente, el copero recordó a José. Él le contó a su amo la historia de cómo José había explicado su sueño y el del panadero cuando ambos estaban en la cárcel. Faraón ordenó a sus guardias que trajeran enseguida a José.

Este vino y se paró delante del rey.

Al escuchar la historia de Faraón, José declaró:

—Ambos sueños tienen el mismo significado. Las siete vacas gordas y las siete espigas

llenas son siete años de abundancia, de buenas cosechas. Todos los graneros de Egipto serán abarrotados de abundantes granos y cada uno tendrá más que suficiente para comer. Las siete vacas flacas y las siete espigas menudas significan siete años de hambre que seguirán a los años de abundancia, este será un período muy malo. Las cosechas serán tan escasas que todos sufrirán necesidad. Este sueño proviene de Dios, y se lo ha revelado en dos partes para mostrarle que todo esto sucederá muy pronto. Si se traza un plan ahora, nadie morirá de hambre.

—¿Qué podemos hacer? —preguntó Faraón impresionado.

—Usted debe almacenar en los graneros la quinta parte de la cosecha durante los años de abundancia y después, cuando lleguen los siete años de escasez habrá alimentos para todos. Escoja a alguien en quien pueda confiar para organizar el plan —aconsejó José.

—¡Es una buena idea! ¡Y tú eres el hombre indicado para llevar a cabo este proyecto! —dijo Faraón.

Entonces sin demora, Faraón colgó una cadena de oro alrededor del cuello de José y le puso su propio anillo.

—Ahora, tú eres el hombre más importante de Egipto después de mí —dijo él—. Todos harán lo que tú digas y lo que dispongas.

José y sus hermanos

Durante siete años José viajó por toda la tierra de Egipto, advirtiendo a todos que construyeran torres en los almacenes para llenarlos de granos y estar así preparados para los años malos que vendrían.

Cuando estos años de escasez llegaron, José abrió los almacenes y las personas podían comprar el trigo para hacer pan.

Las cosechas también fueron malas en otros países. Muy lejos de allí, las personas que estaban pasando necesidad escucharon que en Egipto había trigo para comprar.

Cuando Jacob oyó esto, envió a sus hijos que estaban en Canaán a comprar trigo. Solo el hijo menor, Benjamín, se quedó en la casa; Jacob no quería que él desapareciera como José.

Los hermanos encontraron al gobernador a cargo de los víveres y se arrodillaron delante de él. Nunca pudieron imaginar que era su propio hermano perdido hacía tanto tiempo. Sin embargo, José los reconoció y recordó sus sueños de tiempos atrás.

Se preguntaba si sus hermanos habían cambiado. Enseguida preparó un plan para averiguarlo.

—Ustedes son espías —los acusó José—. ¡No voy a venderles ningún trigo!

—No, mi señor. Somos hombres honestos, todos hermanos. El menor se quedó en casa con nuestro anciano padre Jacob, que nos envió a comprar alimentos para nuestras familias.

—Tráiganme a su hermano aquí y yo sabré si me están diciendo la verdad o no —ordenó José.

Sin embargo, hizo que Simeón se quedara como rehén, aunque les dio víveres a los demás.

—Ahora estamos recibiendo el castigo por aquello tan terrible que le hicimos a José —dijeron los hermanos.

José se sintió muy mal por la situación, pero fingió no haber escuchado.

Esa noche, cuando los hermanos iban camino a casa, uno de ellos abrió su saco. Lo encontró repleto de víveres y dentro, el dinero que él había pagado. Para sorpresa de todos hallaron que también les había sido devuelto el dinero que habían pagado.

—El gobernador dirá que somos ladrones y espías. Va a pensar que nos llevamos los víveres sin pagar.

¿Qué ocurrirá cuando regresemos? —se decían asombrados.

Cuando Jacob escuchó lo ocurrido, estuvo más firme que nunca

en mantener a salvo a Benjamín en casa, pero el hambre era tanta que pronto tuvieron que emprender otro viaje a Egipto en busca de provisiones.

—Usted debe dejar que Benjamín venga con nosotros esta vez, padre. Ese hombre no nos dará nada si él no nos acompaña —argumentaron ellos y por fin, Jacob lo permitió.

—Lleven a ese hombre un presente de miel, nueces y especias, lo mejor que tengamos. Y devuélvanle el dinero. Puede haber sido un error —aconsejó Jacob.

Entonces los hermanos emprendieron de nuevo su viaje a Egipto, ahora con Benjamín.

Cuando José los vio venir dijo a sus criados que los invitaran a una cena en su casa. Los hermanos intentaron devolverle el dinero al mayordomo de José.

—Guárdenlo. Ya me pagaron todos los alimentos que compraron.

Él ordenó traer a Simeón. Juntos de nuevo, pero desconcertados por completo, los hermanos esperaron que llegara José. Cuando llegó, ellos se postraron ante él y le entregaron sus regalos.

—¿Está su padre bien? —preguntó José—. ¿Es este el hermano del cual me hablaron? ¡Qué joven tan educado...! — comenzó a decir José, pero al ver a su hermano menor se conmovió tanto, que tuvo que salir de la habitación antes que alguno se diera cuenta de que estaba llorando. Entonces, les preparó una espléndida cena y le ofreció a Benjamín cinco veces más alimentos que a los demás.

Una prueba de lealtad

Entonces, cargados de provisiones, los hermanos partieron a sus casas. Estaban seguros de que ahora todo marcharía bien. De repente, escucharon el sonido del galopar de unos cascos y fueron alcanzados por el mayordomo de José.

—Deténganse, ladrones —gritó él—. Uno de ustedes ha robado una copa de plata a mi amo.

Miraron con ansiedad como abrían un saco tras otro. Entonces, para su horror, escucharon exclamar al mayordomo, señalando el saco de Benjamín:

—Está aquí. Serás castigado por esto.

Todos se sentían miserables al regresar a casa del gobernador como ladrones.

—El culpable debe permanecer aquí como mi esclavo —dijo José.

Todos los hermanos estaban desconcertados.

—Mi padre morirá con el corazón destrozado si Benjamín no regresa a casa —dijo Judá, uno de los once hermanos. Entonces rogó—: Hazme esclavo a mí en vez de a él.

José pudo comprobar que sus hermanos habían cambiado; ya no eran tan crueles y celosos. De nuevo, tuvo que esforzarse para ocultar sus lágrimas.

Él mandó a su criado que saliera y entonces cesó de fingir.

—Hermanos, yo soy José —les dijo, pero ellos estaban demasiado asombrados y temerosos para

responderle—. No teman —continuó—, Dios ha convertido lo malo que ustedes hicieron en algo bueno. Él me ha usado para salvar las vidas de muchas personas. Vayan y traigan a mi padre a Egipto para que yo pueda cuidar de él.

Tan pronto como Faraón supo la noticia, les ofreció tierras en Egipto al padre y a los hermanos de José para que pudieran establecerse con sus familias.

Cuando el anciano Jacob llegó a Egipto, José fue en su carruaje a encontrarse con él. Se abrazaron con mucha fuerza y lloraron de alegría.

—Puedo morir feliz porque te he visto otra vez —dijo el anciano.

—No hables de muerte padre —exclamó José—. Mira, ahora toda nuestra familia está unida de nuevo. Dios ha sido bueno con nosotros.

Él siguió en su posición de líder en la corte de Faraón y pudo proveer todo lo que su familia necesitaba. Por muchos años más vivieron juntos y felices en Egipto.

MOISÉS, EL PRÍNCIPE
El bebé en la cesta

Después que José y sus hermanos murieron, sus hijos y nietos permanecieron en Egipto. Los nuevos gobernadores de Egipto olvidaron la labor de José y comenzaron a maltratar a todos sus descendientes. Los hacían trabajar como esclavos, construyendo imágenes y ciudades. Esto era bastante difícil para ellos, pero eso no era lo peor, el rey decidió eliminarlos, entonces dijo:

Hay demasiados hebreos —así acostumbraban los egipcios llamar a los descendientes de José—. Así que echen a todos los niños varones de ellos al río Nilo para evitar que crezcan y peleen contra nosotros.

Sin embargo, una madre valiente decidió esconder a su bebé. Como el niño estaba demasiado grande para esconderlo en la casa, ella cubrió el fondo de la cesta con un material especial para hacerla impermeable y puso a su bebé adentro. Entonces llevó la cesta al Nilo y la dejó flotando en las aguas, en medio de las plantas acuáticas. La hermana mayor del bebé, Miriam, esperó cerca de allí para ver qué ocurriría.

Un rato después, una de las hijas del rey fue a darse un baño en el río. Vio la cesta y envió a sus sirvientas a recogerla. El bebé lloraba y la princesa sintió lástima por él. Ella lo cargó para consolarlo.

Entonces Miriam se acercó y le hizo una reverencia. Después, le preguntó si deseaba buscar a alguien que cuidara del bebé; cuando la princesa estuvo de acuerdo, Miriam echó a correr y fue a buscar a su madre.

—Adoptaré a este bebé como si fuera mi verdadero hijo —dijo la princesa a la madre esclava—. Si tú cuidas de él hasta que crezca yo te pagaré muy bien.

Así fue como la verdadera mamá del bebé lo llevó al hogar a salvo para cuidar de él, al servicio de la princesa y por algunos años el niño creció en el seno de su propia familia. Su madre lo cuidaba y lo enseñó a adorar al Dios verdadero. Cuando fue mayor, él fue conducido al palacio real para vivir con la princesa, que le puso por nombre Moisés.

Moisés huye

Cuando Moisés creció, un día, observó a los esclavos hebreos, su propio pueblo, que trabajaban en la construcción de un edificio. Los encontró haciendo ladrillos. Pero además vio a un capataz egipcio que golpeaba a un esclavo. Moisés se enojó mucho. Así que echó un rápido vistazo a su alrededor y cuando pensó que nadie lo veía, mató al egipcio y escondió su cuerpo en la arena. Al siguiente día, salió de nuevo y se encontró con dos hebreos que peleaban. Él intentó detenerlos y les dijo:

—Ustedes no deben pelear ya que son hebreos.

—¿Quién te dio derecho a ordenarnos eso? —murmuraron los esclavos—. ¿Piensas que puedes matarnos como lo hiciste con el egipcio? Moisés se asustó al pensar que alguien sabía su secreto. Si el rey se enteraba, sería ejecutado. Moisés regresó al palacio, pero muy pronto el rey supo lo ocurrido. Por eso tuvo que huir y vivir en el desierto, donde nadie podía seguirlo. Solo algunos pastores y

sus familias vivían allí, andando con sus rebaños por todos los sitios donde podían encontrar agua.

Poco tiempo después, Moisés participó en otra riña. Se encontraba descansando junto a un pozo cuando siete muchachas, todas hermanas, hijas del sacerdote de Madián, se acercaron para llenar sus jarras de agua. Algunos pastores, llegaron y empujaron a las muchachas fuera del camino para obtener el agua primero que ellas. Moisés intervino y los alejó. Entonces ayudó a las muchachas a llenar sus vasijas de agua y dar de beber a los rebaños. Cuando el padre de las muchachas

escuchó lo que Moisés había hecho por ellas se sintió muy complacido. Lo invitó a vivir con ellos en su tienda y le permitió casarse con una de sus hijas. Entonces, Moisés se estableció en el desierto y se convirtió en un pastor de ovejas.

Moisés y la zarza ardiendo
Mientras tanto, el pueblo hebreo continuaba en la esclavitud en Egipto. En su miseria ellos clamaron a Dios. Él escuchó sus oraciones. Era el tiempo de libertar a los hebreos, su pueblo escogido y Moisés iba a ser parte del plan de rescate de Dios.

En una ocasión, mientras Moisés pastoreaba los rebaños de su suegro por el desierto notó que una zarza ardía, pero aunque sus llamas chisporroteaban por todas las ramas, el árbol no se quemaba. Moisés se acercó para ver por qué ocurría esto. Entonces una voz lo llamó:

—¡Moisés! —la voz parecía salir del fuego.

—Estoy aquí —contestó Moisés.

—¡No te acerques! ¡Quita las sandalias de tus pies! El lugar que pisas es santo. ¡Yo soy Dios! —Moisés se cubrió el rostro temeroso. Se sintió más asustado aun, cuando le oyó decir—: ¡Te voy a enviar al rey de Egipto para rescatar al pueblo hebreo de la esclavitud!

Moisés comenzó a dar excusas.

—Nadie me creerá. Soy un don Nadie. Ni siquiera puedo hablar con facilidad. ¡Ellos jamás me escucharán!

—¡Yo iré contigo! Cuando los sacerdotes egipcios intenten hacerte magia, te ayudaré a hacer cosas aun más maravillosas. Yo te diré lo que tienes que decir —le prometió Dios.

—Por favor, escoge a alguien más —suplicó Moisés.

—Tú eres el escogido. Pero enviaré a tu hermano Aarón a encontrarse contigo. Él hablará por ti y yo los ayudaré a ambos —le dijo Dios enojado. Entonces Moisés marchó hacia Egipto.

Su hermano Aarón se encontró con él en el desierto, tal como Dios había prometido. Los dos hermanos se deleitaron al estar juntos de nuevo. Enseguida emprendieron el camino a Egipto. Una vez allí, Moisés y Aarón se reunieron con los jefes hebreos. Aarón les contó cómo Dios había hablado a Moisés desde una zarza ardiente.

Cuando los hebreos comprendieron que Dios había enviado a Moisés a rescatarlos, se postraron sobre sus rostros llenos de felicidad y adoraron a Dios.

Moisés y Aarón van a ver al rey

Entonces Moisés y Aarón se presentaron ante el rey con su mensaje.

—Nuestro Dios dice: "Deja que mi pueblo vaya al desierto a servirme allí."

—¡Qué tontería! —exclamó el rey con furia—. Eso es solo una excusa para no trabajar. Y llamó a sus guardianes.

—Los esclavos hebreos deben trabajar más fuerte. Son holgazanes. Ustedes les proporcionan paja para que hagan sus ladrillos, ¿no es cierto? ¡Bien, a partir de ahora ellos deben encontrar su propia paja e incluso hacer la misma cantidad de ladrillos!

Al saber la noticia, los esclavos se quejaron con amargura ante Moisés.

—¡Mira lo que has hecho al hablar de libertad, nos has traído problemas peores!

Entonces Moisés oró a Dios, y Él le contestó:

—El rey de Egipto es obstinado, pero los egipcios sabrán que yo soy Dios, pues voy a mostrarles mi poder y los obligaré a dejar salir a mi pueblo.

Entonces Moisés y Aarón regresaron ante el rey. Este dijo:

—Deben probar que su Dios es real si quieren que les escuche.

Aarón lanzó su vara a tierra y esta se convirtió en serpiente.

—Ese es un truco viejo —se burló el rey.

Ordenó a sus magos hacer lo mismo. El piso se cubrió de serpientes, hasta que la de Aarón se comió a las demás. El rey aún no estaba convencido y no quiso dejar salir a los esclavos.

Entonces Dios le dijo a Moisés que Él mostraría al rey de Egipto aun más de su poder. Moisés y Aarón fueron a encontrar al rey en el río Nilo.

—Dios me envió a decirle que deje ir a su pueblo, pero usted no escuchó. Ahora observe el agua, su Majestad.

El rey miró. El agua se había convertido en sangre roja. Olía mal. Los peces muertos formaban remolinos sobre la espuma de la superficie. Todas las aguas de los ríos, arroyos, pozos y las que estaban en vasijas y jarras se convirtieron en sangre. Con desesperación, en todo Egipto se hicieron pozos en la ribera del río para encontrar agua fresca, pero aun así el rey regresó al palacio y no prestó atención a Moisés.

Entonces millones de ranas aparecieron en Egipto. Salían del río Nilo y de cada laguna o canal. Estaban por todas partes, en los hornos y en las ollas de cocinar. Las había hasta en la cama del rey y saltaban sobre ella.

—¡Ora a tu Dios por nosotros! Pídele que quite todas estas ranas —rogó el rey a Moisés.

Moisés oró y Dios contestó su petición. Las ranas murieron. Había grandes montones de ranas dondequiera y todo el país hedía. A pesar de esto, el rey no permitió a los hebreos marcharse. Ahora Dios envió plagas de piojos y moscas que atormentaban a todo el pueblo egipcio. Pero ni aun así, el rey se dio por enterado. Las plagas atacaron las cosechas. El ganado y los camellos murieron enfermos, pero el rey no dejaba ir a los esclavos.

Desastre en Egipto

Después que pasó la plaga de piojos, moscas y la del ganado, todos los egipcios se cubrieron de llagas dolorosas. Pero todavía el rey no escuchó a Dios. Incluso los magos estaban impotentes ante esta situación y también ellos se llenaron de llagas. Sin embargo, estas calamidades no cambiaron la actitud del rey. Él seguía negándose a dejar ir a los esclavos.

Dios dijo entonces a Moisés:

—Adviértele al rey que voy a enviar una plaga de granizo tan fuerte que todos los animales que estén a la intemperie morirán.

Nubes de tormenta soplaron y los truenos retumbaron atravesando el cielo. Los relámpagos y el granizo se descargaron sobre la tierra. Cayeron sobre las plantas y mataron a todos los seres vivientes que se hallaban en los campos.

—Esta es la peor tormenta de granizo que ha habido en Egipto, y ha sido por mi culpa —gimió el rey.

—Moisés, ora para que Dios detenga el granizo y los dejaré ir.

—Voy a orar, pero sé que no va a cumplir su promesa, Majestad —dijo Moisés.

Moisés oró y el granizo cesó y una vez más el rey cambió de idea y no permitió que los esclavos partieran. Entonces Dios castigó a Egipto de nuevo. Envió nubes de saltamontes a comerse todas las plantas que quedaron después del granizo, de modo que nada verde quedara sobre la hierba o los árboles. Después envió una gran oscuridad que cubrió todo el país durante tres días, de manera que las personas no podían verse unas a otras. A pesar de todo esto, el rey rehusó hacer lo que Dios quería.

Entonces Moisés reunió a todos los hebreos y les dijo:

—¡Como el rey de Egipto no quiere escuchar a Dios, el primer hijo de cada familia egipcia morirá! Los hijos de ustedes escaparán si hacen lo que Dios dice. Cada familia debe matar un cordero y mojar con un poco de su sangre, la puerta de su casa. Entonces, la muerte que Dios enviará no tocará sus hogares. A la medianoche deben estar listos para salir, pues esta vez el rey lo va a permitir.

Los hebreos hicieron lo que Moisés les dijo. Cuando untaron las puertas con la sangre, permanecieron en sus moradas preparados para emprender el viaje. Se vistieron, cenaron y esperaron la orden de marchar. A medianoche escucharon el sonido del llanto que salía de todas las casas egipcias. El hijo mayor de cada familia egipcia

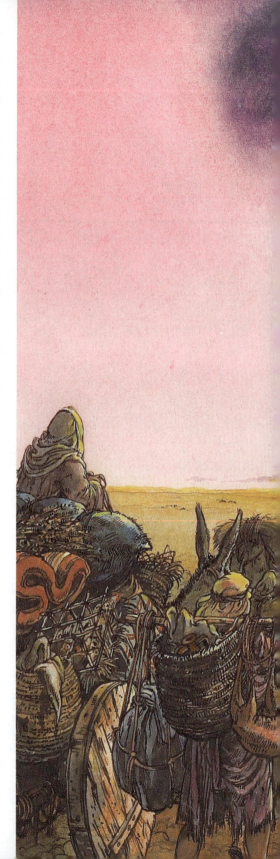

había muerto y entre ellos, el hijo del rey.

Entonces el rey llamó a Moisés y a Aarón y les ordenó muy asustado:

—¡Váyanse y lleven a su pueblo con ustedes para que sirvan a su Dios, no sea que muramos todos.

Ningún egipcio quería que los hebreos se quedaran. Cuando los esclavos les pedían alhajas de oro, plata y ropas para el viaje, los egipcios les daban cuanto pedían. Estaban muy contentos de que se fuera aquella gente que les había causado tantos problemas.

Salida de Egipto

Al fin los hebreos salieron de Egipto rumbo al desierto. No había caminos para viajar, pero Dios envió una gran columna de nube para guiarlos de día. Por la noche se convertía en una columna de fuego para alumbrarles durante el viaje. El pueblo estaba contento porque podía ver que Dios estaba con ellos, guiándoles y cuidándoles por todo el camino.

Sin embargo, el rey no iba a dejarlos escapar así tan fácil. Hasta se lamentó de haberlos dejado ir.

—¡Persíganlos! —ordenó a sus soldados. Y saltó sobre su carro de guerra. Seiscientos de sus mejores cocheros y el resto de su ejército, vociferaron detrás de los hebreos.

Muy pronto los hebreos escucharon el sonido de los jinetes que

los seguían. Ellos habían llegado al mar, pero no tenían botes para cruzarlo.

Se volvieron hacia Moisés atemorizados.

A medida que aumentaba el sonido de sus perseguidores, los hebreos gritaban:

—¡Debiste dejarnos en Egipto! ¡Estamos atrapados! ¡Los soldados nos harán pedazos!

—No teman. Dios peleará por nosotros —les animaba Moisés.

Alguien señaló:

—¡Miren! La columna de humo se ha movido.

¡Está ahora detrás de nosotros! ¡Nos oculta del ejército!

—Extiende tu mano sobre el mar —le dijo Dios a Moisés.

Cuando él obedeció, un fuerte viento oriental dividió el mar e hizo retirar las olas. Un camino seco apareció. Sin perder tiempo, los hebreos cruzaron con rapidez por ese sendero en medio del mar. A cada lado se elevaba un muro de agua.

El ejército egipcio los siguió, pero sus carros quedaron atascados en el lodo mojado.

—Extiende otra vez tu mano sobre el mar. El agua volverá a unirse antes que los egipcios logren capturarlos —dijo Dios a Moisés.

—¡Apúrense! Moisés llamó al pueblo que estaba confundido en la orilla. Él extendió su mano. El mar volvió a unir sus aguas, su espuma cubrió el sendero y todo el ejército egipcio quedó sepultado. No quedó ni un solo soldado vivo.

Los hebreos quedaron atónitos y de repente, Miriam la hermana de Moisés, tocó su pandero.

"¡Cantemos a nuestro Dios que ha ganado una gran victoria! ¡Ahogó al ejército egipcio en medio del mar!"

Las mujeres se unieron a ella, cantaban y danzaban mientras los hombres sonreían y los niños disfrutaban la música.

"El mar se alzó como una muralla. El Señor nuestro Dios, nos ha salvado a todos" —cantaron, olvidando así su temor y sus quejas.

En los años siguientes, jamás olvidaron la forma maravillosa en que Dios los había salvado de los egipcios, conduciéndolos a salvo por el medio del mar.

MOISÉS Y JOSUÉ
Alimento en el desierto

El pueblo hebreo tenía aún un largo camino que recorrer para llegar a la tierra que Dios les había prometido. Pronto llegaron al desierto, allí la tierra era seca y árida. No crecía ninguna planta, solo había arbustos llenos de espinas y chacales que acechaban. Mientras la inmensa fila de personas seguía a Moisés, comenzaron a refunfuñar y a quejarse:

—¿Por qué nos sacaste de Egipto? Al menos, allí teníamos gran cantidad de alimentos. ¡Nos moriremos de hambre aquí en este desierto!

—Dios los rescató de Egipto —les recordaba Moisés—. Él ha oído sus quejas y les dará alimentos inclusive aquí. ¿Por qué no confían en Él?

A la mañana siguiente, la hierba estaba cubierta con cosas menudas y en forma de hojuelas, que parecían escarcha.

—Recójanlas antes que desaparezcan —les dijo Moisés—. Reúnan la necesaria, pero no más. Es el alimento que Dios nos ha provisto.

La gente se apresuró a recogerlo. Su sabor era como de pan hecho con miel. Le llamaron "maná". Todos tenían tanto como querían. Dios les dio a comer "maná" cada día, mientras estuvieron en el desierto.

Leyes en el Monte Sinaí

Los hebreos viajaron hacia el sur por el desierto durante muchos meses, hasta que llegaron al monte llamado Sinaí. Acamparon en la base y Moisés subió solo al monte a orar.

Allí Dios le habló:

—Prometo guiarlos y cuidarlos a todos. Ustedes son el pueblo que he escogido y deben obedecer mis leyes. Moisés descendió, contó al pueblo lo que Dios había dicho y añadió:

—Ustedes deben prepararse para adorar a Dios.

El pueblo lo siguió hasta el pie del monte. Una nube cubrió todo el Sinaí. Los truenos retumbaron. Relámpagos y truenos centelleaban, el humo hacía ondulaciones y todo el lugar se estremecía en gran manera. Se escuchó el sonido de una trompeta y la gente tembló.

—El Señor Dios está aquí —murmuraron. Dios habló de nuevo a Moisés, y le dio las leyes que el pueblo debía cumplir, de modo que mantuvieran una actitud agradable a Él.

Moisés les comunicó a todos lo que Dios había dicho. Después, regresó al monte. Esta vez llevó a uno de sus capitanes, un joven llamado Josué.

Aarón hace un becerro de oro

Moisés y Josué estuvieron fuera por largo tiempo y la gente comenzó a pelear y a impacientarse.

—El Dios de Moisés se lo ha llevado. ¡Escojamos otro dios, uno diferente!

Así que le rogaron a Aarón, el hermano de Moisés, que les construyera uno. Aarón tuvo miedo del pueblo, de modo que aceptó. Reunió todas las joyas de oro que ellos tenían y las fundió. Entonces, cometiendo una gran tontería, hizo la estatua de un becerro con el oro fundido.

Todos estaban alegres y gritaban:

—Este es el dios que nos sacó de Egipto.

Aunque solo era un becerro de metal, sin vida, hicieron un festín en su honor. Le trajeron ofrendas, vitoreaban y tocaban sus trompetas.

En ese momento, Moisés y Josué regresaron del monte. Moisés cargaba dos pesadas tablas de piedra, en las que Dios mismo

había escrito las nuevas leyes. Al escuchar los alaridos y el cantar del pueblo en el campamento se sorprendieron.

Josué al principio pensó que era una discusión, pero Moisés vio la estatua de oro, se llenó de ira y gritó:

—Dios los escogió para que fuesen su pueblo. Y ustedes prometieron no hacer estatuas ni adorarlas.

Entonces lanzó contra el suelo las tablas de piedra, con las leyes de Dios inscritas. Tomó el becerro de oro, lo redujo a polvo y lo mezcló con agua potable para que la gente tuviera que beberla como castigo. También oró por el pueblo y suplicó: —Perdónalos, señor Dios.

—Yo no rompo mis promesas —dijo Dios—. Corta dos tablas de piedra como las que rompiste y le daré al pueblo sus leyes otra vez.

La tienda de la presencia de Dios

Moisés guardó las nuevas tablas de la ley en un arca especial cubierta con oro. Dios indicó al pueblo que hicieran una bella tienda de campaña para proteger el arca cuando acamparan. El propio Dios rodearía la tienda en una forma especial y por ello la llamaron "la tienda de la presencia de Dios".

Para hacer la tienda de campaña, todo el pueblo compartió lo que tenía.

Unos llevaron maderas para los postes, otros, sus joyas. Los tejedores aportaron linos finos con hilos de colores mientras otros llevaban telas gruesas hechas de pelos de cabra. Incluso otros llevaron pieles finas y de carneros teñidas de rojo, mientras que otros más ayudaron con especias y aceite para alumbrar el interior de la casa de telas. Entonces los artesanos habilidosos crearon toda clase de ornamentos preciosos para decorarla. Cuando

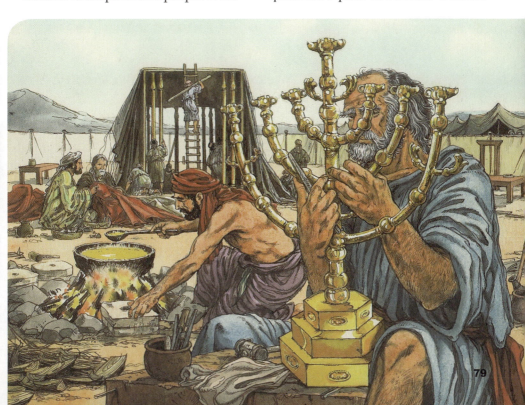

todo estuvo preparado, una nube cubrió la tienda y una luz refulgente brilló a través de ella. El pueblo vio que Dios estaba con ellos. Se postraron sobre sus rostros y lo adoraron.

Por último, ellos dejaron el monte Sinaí y continuaron su largo viaje. El camino era árido y comenzaron a extrañar los verdes campos alrededor del río Nilo, en Egipto. Muy pronto volvieron a protestar.

—¿Recuerdan el pescado que comíamos en Egipto? Estábamos acostumbrados a comer pepinos, melones, cebollas, verduras y también ajos. Ahora solo tenemos "maná" para comer.

Moisés los escuchó por accidente y se enojó mucho. Así que derramó su corazón delante de Dios diciendo:

—¡Esta gente es imposible de entender! ¿Dónde suponen que yo encuentre carne para ellos? No puedo soportar más sus quejas.

Entonces Dios le dijo: —Moisés, necesitas algunos ayudantes. Escogeré líderes que te ayuden y voy a darles suficiente carne para un mes.

Dios hizo tal como prometió. Escogió setenta líderes para ayudar a Moisés a cuidar las tribus. Entonces se desató un fuerte viento que trajo una bandada de codornices y las dejó caer en el campamento en todas direcciones. Todo lo que los hebreos tenían que hacer, era recogerlas del suelo. Esa noche todo el mundo tuvo carne para la cena.

La historia de los espías

Una vez más emprendieron la marcha hacia la ciudad de Canaán, la tierra que Dios les había prometido. Ya estaban muy cerca. Sin embargo, Moisés envió espías para que averiguaran qué clase de gente vivía allí, hombres sanguinarios o tribus nómadas.

Los espías regresaron con noticias. Trajeron un enorme racimo de uvas tan pesado que se necesitaban dos hombres para cargarlo.

Los hombres les informaron:

—¡Miren! Recogimos esas uvas, granadas e higos. La tierra es muy buena, pero la gente es cruel y vive en grandes ciudades con fuertes murallas.

¡Incluso vimos gigantes, que nos hicieron sentir como insectos!

Al oír aquello el pueblo exclamó atemorizado:

—Escojamos otro líder y regresemos a Egipto. Pero Josué, el ayudante de Moisés que había ido con los espías, gritó: —¡No sean necios! Dios está peleando por nosotros. ¡Él nos ayudará a conquistar esa tierra con gigantes y todo!

Otro espía llamado Caleb, estuvo de acuerdo con Josué, pero el pueblo rehusó escucharlos.

De repente, una brillante luz resplandeció en la tienda de la presencia de Dios y Él habló: —¡El pueblo aún no confía en mí! Ninguno de ellos entrará en la Tierra Prometida, excepto Josué y Caleb. Deberán vagar a través del desierto hasta que mueran. Entonces les daré la tierra a sus hijos.

Con tristeza, el pueblo hebreo se alejó de las orillas de la Tierra Prometida en dirección al desierto.

Cuarenta años en el desierto

A pesar de todo lo ocurrido, ellos no tardaron en quejarse otra vez. Llegaron a un lugar donde no había agua y en vez de pedirle a Dios que los ayudara, fueron a reclamarle a Moisés; quien llevó a Aarón para orar en la tienda de la presencia de Dios. Después, llamaron al pueblo alrededor de una enorme roca. Moisés la golpeó con su vara dos veces. El agua se derramó, dando destellos a la luz del sol. La multitud asombrada se reunió alrededor y bebió agradecida.

Moisés no obedeció la orden de Dios, que fue hablarle a la roca, no golpearla, para que así comprendieran que era su poder y no otra cosa, lo que había hecho salir el agua. Él no había sido fiel a Dios y por ello tampoco entraría en la Tierra Prometida.

En su peregrinación por el desierto los hebreos cruzaron tierras que pertenecían a varias tribus. Moisés envió mensajes a los reyes de cada lugar explicándoles que querían cruzar sus tierras en paz, sin tomar ningún alimento ni agua. Sin embargo, a veces, el rey salía a su encuentro acompañado de su ejército y entonces los hebreos tenían que pelear para continuar su viaje.

Un rey muy cruel llamado Og, escuchó que ellos lo atacarían y se adelantó a hacerlo antes con su ejército. Og era un hombre gigantesco, pero los hebreos eran guerreros experimentados.

—Dios está de nuestro lado —los animaba Josué.

Así que derrotaron al rey Og, a su ejército y tomaron sus ciudades.

Dios les daba la victoria sobre todos los que intentaban detenerlos. Pasaron así cuarenta años y murieron aquellos que habían decidido no confiar en Dios. Por fin, había llegado el momento de entrar a la Tierra Prometida. Moisés condujo al pueblo a las orillas del río Jordán. Al otro lado se extendía su nueva tierra.

Para ese tiempo, Aarón ya había muerto y Moisés era muy anciano.

Aunque anhelaba conducir al pueblo hacia la nueva tierra, sabía que Dios había dicho: "No". Desde la cumbre de la montaña Pisga, a lo lejos, se divisaba la Tierra Prometida. Dios le dijo a Moisés que subiera a la montaña.

—Podrás ver la tierra —dijo Él. Entonces Moisés subió a la montaña. Las colinas rojizas del desierto se levantaban con aspereza a su alrededor, pero más allá del Jordán relucían las colinas y los valles verdes de Canaán. La vista de Moisés estaba buena todavía. Podía verlo todo con claridad. Era una tierra bella.

El anciano regresó al campamento cantando alabanzas a Dios. Allí les recordó a todos las leyes que habían prometido obedecer. Por último, bendijo a todo el pueblo.

—Ninguna nación es tan bendecida como ustedes, porque Dios los ha escogido y los mantendrá a salvo —declaró.

Luego murió. El pueblo se sintió triste. Jamás lo olvidarían.

—Nadie es mayor que Moisés. El Señor le habló cara a cara, como un hombre le habla a su amigo —dijeron.

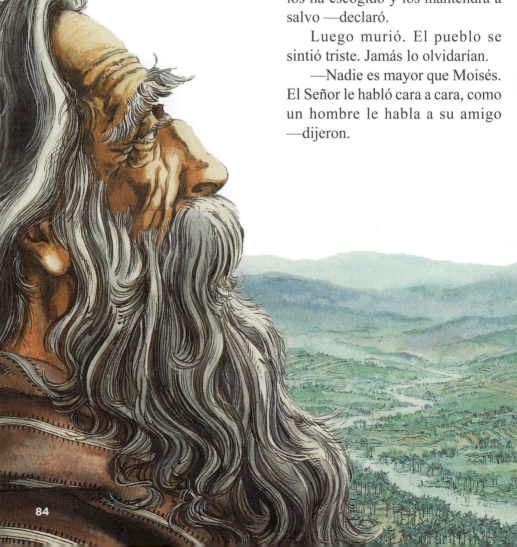

Josué, el nuevo líder

Josué, el ayudante de Moisés, se convirtió en el nuevo guía del pueblo de Dios. De inmediato, comenzó a hacer planes para poseer las tierras de Canaán. El primer paso fue tomar la ciudad de Jericó, la cual estaba antes de llegar a la Tierra Prometida. Josué envió dos espías a cruzar el Jordán. Ellos se deslizaron a escondidas en Jericó. Allí conocieron a una mujer llamada Rahab, que los invitó a permanecer en su casa ubicada en lo alto, entre los muros. Alguien los vio y avisó al rey y este envió sus soldados a la casa. Rahab los vio venir y escondió a los espías en el refugio de su casa debajo de varios manojos de lino. Enseguida, los soldados tocaron a su puerta y gritaron: —Entréganos a esos espías.

—¿Qué espías? Unos hombres vinieron muy temprano, pero abandonaron la ciudad al anochecer. Si se apuran podrían capturarlos —dijo Rahab.

Rahab sonrió cuando escuchó que las puertas de la muralla se abrían para dejar salir a los soldados. Entonces, ayudó a escapar a los espías desde su ventana al exterior de la muralla.

—Hago esto porque creo que el Dios de ustedes es el verdadero —dijo ella—.

Hemos escuchado cómo los ayudó a ganar batallas y toda la ciudad está asustada. Prométanme que no matarán a mi familia ni a mí cuando tomen Jericó.

Los espías lo prometieron y le dieron una cuerda roja para marcar la casa. Entonces regresaron rápido junto a Josué y le dieron las noticias:

—¡Todos nos temen! ¡Dios nos ayudará a ganar una tremenda victoria!

Cruzando el río Jordán

Lo primero era cruzar el río Jordán. Ellos miraron el agua preguntándose cómo lo harían. Josué los llamó a todos.

—Dios nos va a ayudar —dijo—. Cuando vean a los sacerdotes entrar en el río llevando el arca de oro con las leyes, síganlos con todas sus pertenencias.

La gente hizo lo que Josué les dijo. Cuando los sacerdotes entraron al río, el agua paró de correr, se acumuló hacia el norte y apareció una franja de tierra seca.

Todos cruzaron el río a salvo. Luego tomaron doce piedras grandes del fondo y las colocaron en la orilla para que recordaran la manera en que el pueblo de Dios había cruzado el río. Después acamparon. Por primera vez no tenían maná para comer. A partir de ese momento comerían los alimentos de Canaán.

Cuando el rey de Jericó vio que los hebreos habían acampado cerca de la ciudad, reforzó todas las puertas de la muralla y las cerró. Los centinelas las vigilaban y nadie podía entrar ni salir de la ciudad. Un día, Josué caminaba solo junto a la ciudad preguntándose cómo atacarla, cuando vio a un hombre frente a él empuñando una espada desenvainada.

—¿Eres uno de nuestros soldados o un enemigo? —lo retó Josué.

El desconocido contestó:
—Soy el Comandante del ejército del Señor Dios.

Entonces Josué recordó las palabras que Moisés le había dicho antes de morir: —Sé fuerte Josué y llénate de valor porque Dios mismo va contigo y nunca te fallará.

Josué se postró sobre su rostro en tierra y dijo al hombre:
—Soy tu siervo. ¿Qué ordena mi Comandante?

—Quita las sandalias de tus pies, porque el lugar donde estás es santo. Josué obedeció. Ahora estaba seguro de que podrían tomar la ciudad. Luego, Dios le habló a Josué y le explicó lo que tenía que hacer.

Victoria en Jericó

Los hebreos no derribaron las murallas ni echaron abajo las puertas. En vez de eso, marcharon alrededor de la ciudad: primero un capitán de batallón, luego siete sacerdotes tocando sus trompetas, después más sacerdotes que traían el arca preciosa y todo el ejército que los seguía en silencio. Hicieron lo mismo durante siete días mientras el pueblo de Jericó se reía y se burlaba de ellos desde las altas murallas.

Al séptimo día, marcharon siete veces justo alrededor de las murallas. Entonces Josué gritó:

—¡Dios nos ha entregado la ciudad! Entonces el pueblo comenzó a gritar con alegría y a tocar las trompetas.

De inmediato, las casas y las torres a lo largo del muro comenzaron a caerse. Con un terrible estruendo las murallas se derrumbaron y los hebreos se dispersaron en Jericó, gritando y felices. Una vez dentro, encontraron a Rahab y a su familia y los sacaron de su casa arruinada, pero destruyeron el resto de la ciudad.

La noticia se esparció como el fuego. Pronto Josué y los hebreos fueron temidos en todo Canaán. Y comenzaron a apropiarse del resto de la región; se establecieron en la tierra que Dios les había entregado.

GEDEÓN
Un héroe poderoso

Aunque los hebreos expulsaron a sus enemigos de Canaán y se establecieron en sus tierras, todavía no disfrutaban de paz. Para colmo de males, con el paso del tiempo, Josué y todos los hombres y mujeres que estuvieron con él envejecieron y murieron. Sus descendientes hicieron algo terrible: comenzaron a olvidarse de Dios y adoraron otros dioses.

Cuando eran atacados por enemigos, no pedían la ayuda de Dios, y con frecuencia, Él permitía que fueran vencidos.

Los madianitas se encontraban entre sus más crueles enemigos. Eran una tribu salvaje, aprendieron a cabalgar sobre camellos cuando iban a la guerra y atacaban por sorpresa a los israelitas. Con ese nombre era conocido el pueblo hebreo.

Los israelitas tenían que dejar sus tierras y esconderse cada vez que los madianitas venían a agredirlos.

Por fin, después de ocurrir esto durante siete años, el pueblo se acordó de Dios y recurrieron a él para pedirle ayuda. Dios escuchó sus ruegos y envió un ángel a que visitara a un hombre llamado Gedeón.

Gedeón trillaba el trigo en secreto para esconderlo de los madianitas porque les tenía miedo, cuando el ángel le habló: —¡Dios es contigo, héroe poderoso! ¡Ve y derrota a los madianitas!

—¿Cómo podré hacer eso?
—preguntó Gedeón.

—Muy fácil, Dios te ayudará
—respondió el ángel.

Pero Gedeón estaba tan asustado que volvió a preguntar:

—Pero ¿cómo estaré seguro de
eso? Mi familia es pobre. Soy el
menor de todos, un hombre insignificante. Necesito pruebas.

Él trajo pan y carne y los puso
sobre una roca delante del desconocido. El ángel los tocó con la
punta de su larga vara. Bocanadas
de fuego salieron de la roca y con-
sumieron los alimentos. Entonces el
ángel desapareció y Gedeón quedó
temblando de miedo.

—¡No temas! —le dijo Dios.
Gedeón sintió valor. Dobló sus
rodillas y adoró a Dios.

Aunque los israelitas le habían pedido ayuda a Dios, muchos de ellos, incluso el padre de Gedeón, todavía adoraban las estatuas de oro o madera que, según ellos, eran dioses. Esa noche Dios habló otra vez a Gedeón.

—Derriba el altar de tu padre y edifica uno para mí. Convierte sus ídolos en pedazos para hacer leña. Trae un toro y sacrifícalo en el altar como una ofrenda para mí.

Esa noche Gedeón y sus sirvientes hicieron todo lo que Dios había dicho, en secreto. Lo hicieron muy entrada la noche porque Gedeón tenía temor de su familia.

A la mañana siguiente hubo una gran algarabía cuando descubrieron que su dios había sido destruido. Les preguntaron a todos hasta que encontraron al responsable.

—¡Maten a Gedeón! ¡Él destruyó a nuestro Dios!

Pero el padre de Gedeón dijo:

—Dejen que el dios se defienda por sí mismo. Después de todo, fue su altar el derribado.

Y por supuesto, Gedeón salvó su vida porque la estatura no podía hacerle daño.

Gedeón y la piel de oveja

Gedeón, sin embargo, todavía estaba inseguro. ¿En realidad Dios lo había escogido a él para luchar contra los poderosos madianitas?

Una tarde, tomó la lana de una de sus ovejas y la colocó sobre la hierba.

—Si la tierra alrededor de la lana amanece seca en la mañana y el rocío solo está sobre la lana, sabré que Dios me ayudará —dijo Gedeón.

A la mañana siguiente, se levantó muy temprano, en cuanto los pájaros comenzaron a cantar y recogió la lana. Estaba empapada y pesada. Al exprimirla, un tazón lleno de agua se derramó sobre la hierba, pero la tierra alrededor estaba seca por completo.

—Hazlo una vez más Señor —suplicó Gedeón—. Esta vez, deja seca la lana y toda la tierra que la rodea que amanezca húmeda. Entonces estaré seguro de que en verdad me usarás contra los madianitas.

A la mañana siguiente, los pies de Gedeón se mojaron mientras caminaba por la tierra húmeda, pero la lana estaba todavía rizada y seca. Al fin se convenció de que Dios lo ayudaría y se preparó para la batalla.

El pequeño ejército de Gedeón

Gedeón reunió a todos los hombres que pudo encontrar, pero Dios le dijo:

—Hay demasiados hombres en este ejército. Diles que los que estén asustados vuelvan a sus casas.

Veinte mil hombres regresaron a sus casas y quedaron diez mil.

—Todavía hay muchos —dijo Dios—. Te los probaré en las aguas. Diles que vayan todos al arroyo a beber agua. Gedeón lo hizo y los observó mientras bebían.

Algunos lamieron el agua como perros, mientras otros lo hacían arrodillados y tomaban el agua entre sus manos. Los que lamieron el agua fueron separados, eran trescientos. Dios le dijo a Gedeón que los escogiera.

Entonces Gedeón tomó sus trescientos hombres para pelear contra los madianitas, que acampaban detrás de ellos en un valle. Sus tiendas de campaña estaban tendidas sobre la tierra como enjambres de insectos.

Todavía para Gedeón era difícil creer que Dios lo usaría para vencer un ejército tan grande.

Dios le indicó a Gedeón que fuera en secreto hasta el campamento de los madianitas. Allí escuchó a un hombre que le decía a su amigo: —Soñé que Dios le daba a Gedeón la victoria sobre todo nuestro ejército.

Gedeón se arrodilló en la oscuridad y agradeció a Dios. ¡Ahora sí estaba seguro! Se apresuró a regresar junto a sus hombres.

—¡Levántense! ¡Levántense! Dios ganará por nosotros la batalla —dijo Gedeón. Ellos se arrastraron hacia el valle. Cada hombre llevaba una trompeta y pesados cántaros con teas encendidas en su interior.

Tomaron posiciones alrededor del campo. Justo antes de la medianoche Gedeón lanzó su grito de guerra:

—¡Por el Señor, y por Gedeón!

El valiente Gedeón rompió su cántaro y tocó su trompeta. Sus hombres hicieron lo mismo. Las antorchas destellaban en la oscuridad. El repentino estruendo, provocó en los adormecidos madianitas una gran confusión.

Desconcertados por las luces, el sonido de las trompetas y el estruendo de las vasijas al romperse, pensaron que los atacaba un ejército poderoso.

Así que empuñaron sus espadas, pero en la oscuridad comenzaron a atacar a sus propios hombres. Y se alejaron en medio de la noche, peleando unos contra otros mientras los hombres de Gedeón esperaban tocando sus trompetas hasta que el poderoso ejército enemigo se destruyó a sí mismo por el pánico. Después, el ejército de Gedeón se unió a otras tribus israelitas, persiguiendo al enemigo que huía de Canaán. Los israelitas estaban muy contentos y quisieron hacer rey a Gedeón. Cosa que rechazó.

—Yo no gobernaré sobre ustedes ni tampoco mi hijo. El Señor Dios, que ganó esta victoria, es el rey al que debemos obedecer —dijo—.

No obstante, pueden darme un presente. Denme los zarcillos de oro que tomaron por botín.

Todos los madianitas usaban zarcillos de oro y los israelitas se los quitaron al derrotarlos. Por eso se sintieron muy complacidos y le entregaron el botín a Gedeón. Extendieron un gran manto en el suelo y lo cubrieron con zarcillos de oro, collares y brazaletes usados por los reyes de Madián. También ofrecieron los collares de oro de sus camellos. Con todo ello, Gedeón fundió una estatua de oro que colocó en su ciudad. Aunque la gran victoria de Gedeón trajo paz a Israel, mucha gente abandonó su adoración a Dios y adoró la estatua de oro. Al final esto perjudicó a la familia de Gedeón, aunque él vivió feliz hasta terminar sus días y jamás tuvo que volver a esconderse de los madianitas.

SANSÓN
Invasores del mar

Muchos años después, otros crueles invasores vinieron y conquistaron a Canaán. Eran los filisteos, gente de mar que llegó en sus barcos con espadas y arpones de hierro. Las armas de los israelitas eran inferiores.

El pueblo de Dios necesitaba ayuda otra vez. Debido a ello, Dios envió un ángel a visitar a un matrimonio que no tenía hijos. Él les dijo:

—Tendrán un hijo que será apartado para Dios. No beberá vino ni cerveza y jamás tocará alguna cosa que esté muerta. Además, nunca deberá cortar su cabello.

Cuando el niño nació, sus padres lo llamaron Sansón. Dios lo bendijo y fortaleció de modo que podía luchar contra los filisteos sin ayuda de nadie, y así, proteger a su país. Pero al final, Sansón no utilizó su fuerza con sabiduría. Se enamoró de una joven filistea y se negó a obedecer a sus padres cuando le suplicaron que no se casara con ella.

—Me gusta y la quiero para mí —manifestó. Y fue a encontrarse con ella. Una vez en el camino oyó el rugido de un joven león. Se volteó y lo vio parado, gruñéndole y dispuesto a saltar sobre él.

Sansón no tenía armas, pero mató al león con sus propias manos, tan fácil como si hubiera sido un corderito. Entonces fue a encontrarse con la joven y a preparar la boda. A nadie le contó lo ocurrido con el león.

Sansón fue a buscar a sus padres para la boda. Al pasar por el sitio donde había matado al león, un enjambre de abejas zumbaba alrededor del esqueleto del

animal. Así que sacó un panal de miel de entre los huesos y saboreó la miel fresca. Les dio un poco a sus padres, pero ellos no vieron de dónde la había sacado y él tampoco se los dijo.

La adivinanza de Sansón

Ellos fueron a reunirse con la novia y Sansón dio una fiesta. Treinta jóvenes filisteos se unieron al banquete. Sansón les hizo una adivinanza.

—Del devorador salió comida y del fuerte salió dulzura. Si contestan mi adivinanza les daré a cada uno, dos vestidos de lino fino. Pero si no pueden hacerlo, al final de la semana cuando termine la fiesta, cada uno debe darme dos vestidos de lino.

Todos estuvieron de acuerdo, pero no pudieron encontrar el significado del enigma.

Al fin, fueron a ver a la prometida de Sansón y la amenazaron.

—Dinos el significado de la adivinanza o quemaremos la casa contigo adentro.

Entonces la joven, suplicó a Sansón que le dijera la solución del enigma. Él terminó por complacerla y ella de inmediato, informó a los filisteos. El último día de la fiesta ellos vinieron a buscar a Sansón.

—¡Adivinamos tu enigma! ¡Era fácil! ¿Qué es más dulce que la miel, y más fuerte que el león de donde tú la sacaste?

Sansón se enfureció tanto que se fue a una de las ciudades filisteas, mató a treinta hombres, les quitó sus vestidos y se los entregó a los invitados de su boda. Luego regresó a su hogar. Entre tanto, su esposa fue casada con un amigo de Sansón. Cuando él supo la noticia, prendió fuego a las viñas y olivares de los filisteos y arruinó sus cosechas.

Un millar de filisteos, atacaron a los israelitas.

—Dennos a Sansón y no los molestaremos —dijeron.

Los israelitas encontraron a Sansón.

—Has provocado a los filisteos contra nosotros. Ellos son

más fuertes. Estamos en un verdadero problema y hemos venido a entregarte en sus manos.

—Está bien, mientras me prometan no matarme primero —convino Sansón.

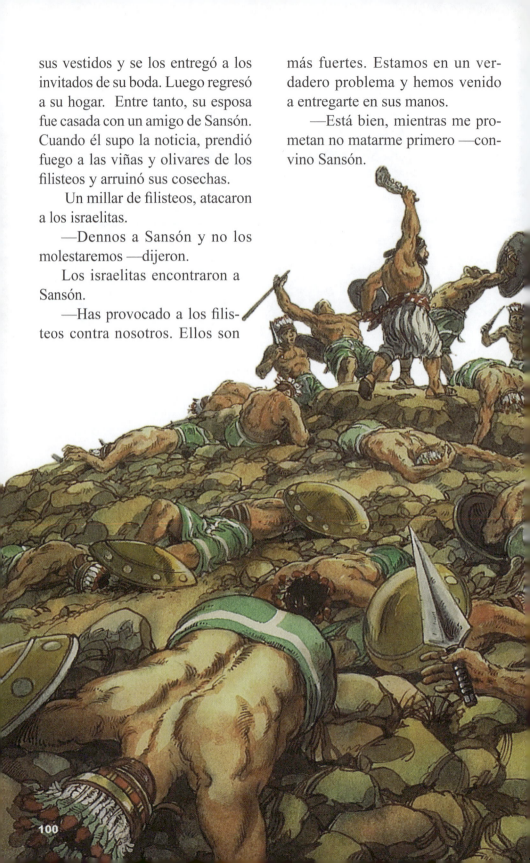

Él permitió que lo ataran con dos cuerdas bien fuertes y lo llevaran a los filisteos quienes al verlo, gritaron alegres en voz alta. Entonces el poder de Dios cayó sobre Sansón. Las cuerdas nuevas, se hicieron tan livianas como lino quemado y él las rompió con facilidad. Sansón no tenía armas, pero encontró los huesos de un asno muerto entre las rocas. Y con la quijada del asno mató a mil filisteos.

Después de esto, los israelitas hicieron a Sansón líder de su pueblo. Él entraba y salía sin temor a las ciudades filisteas. Una noche se regó la noticia de que estaba en la ciudad de Gaza. Los filisteos esperaron por él, planeando capturarlo tan pronto amaneciera.

Sansón se levantó a medianoche, se apresuró hacia la entrada de la ciudad, arrancó las puertas de los cimientos, con sus pilares y cerrojos y las cargó sobre sus fuertes hombros en señal de triunfo. Cuando los habitantes despertaron al día siguiente, Sansón y las fuertes puertas de la ciudad filistea habían desaparecido.

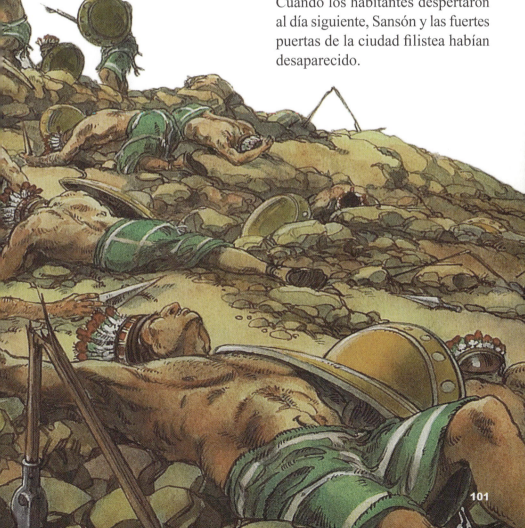

Sansón es traicionado

Aunque Sansón era muy fuerte, tenía debilidades. Una de ellas era que no podía mantener un secreto. Cierta vez se enamoró de otra joven filistea. Su nombre era Dalila. Los jefes filisteos prometieron pagarle mil cien piezas de plata, si ella averiguaba cuál era el secreto de la fuerza de Sansón. Al principio él la engañó diciéndole:

—Átame con siete mimbres verdes y me debilitaré.

Los jefes filisteos trajeron a Dalila los siete mimbres y se escondieron fuera de la habitación. Ella ató a Sansón mientras dormía y luego exclamó:

—¡Rápido, levántate Sansón! ¡Los filisteos vienen por ti!

Los jefes se aglomeraron en la habitación. Sansón saltó y se rió rompiendo con facilidad las ataduras.

Dalila se echó a llorar. —Me haces sentir como una tonta con tus mentiras, dime la verdad ahora.

Sansón la engañó dos veces más. Pero ella lloró y le dijo que él no la amaba con sinceridad. Sansón terminó contándole su secreto.

—Desde que nací fui apartado para Dios. Mi cabello jamás ha sido cortado. Si me rasuro la cabeza, seré como cualquier hombre. ¿Estás contenta ahora? ¡Me has vencido con tantas quejas y llanto!

Dalila lo calmó para que se durmiera. Entonces hizo señas a un hombre para que cortara siete mechones del cabello de Sansón. Luego lo llamó a toda voz:

—Levántate, Sansón, los filisteos vienen contra ti.

Los jefes entraron de pronto en la habitación. Sansón se despertó perplejo y ellos lo apresaron con facilidad, pues sin el cabello toda su fuerza había desaparecido.

Los filisteos trataron a Sansón con mucha crueldad. Le sacaron los ojos, lo ataron con pesadas cadenas de bronce y lo convirtieron en su esclavo y prisionero. Él tenía que pasarse todo el día arrodillado sobre el piso, moliendo granos con un rodillo de piedra. Los filisteos no se dieron cuenta de que el cabello de Sansón comenzaba a crecer de nuevo.

Para celebrar su captura los jefes filisteos se reunieron en el templo de Dagón, el dios que ellos adoraban. También lo hicieron miles de personas y subieron al techo para observar las ceremonias. Ellos gritaban: —¡Traigamos a Sansón para que nos divierta!

Se reían y burlaban viendo al ciego Sansón tropezar y caerse guiado por un niñito. De modo que lo hicieron parar justo en la mitad del templo, entre los dos pilares que sostenían el techo. Sansón le dijo al niño con suavidad: —Déjame sentir dónde están los pilares y recuéstame a ellos por un momento.

Así fue que extendió sus manos y tocó los pilares. Alzó hacia arriba sus ojos. No podía ver nada, pero sabía que Dios estaba allí en la oscuridad.

—Dame mi fuerza esta vez, Señor—oró.

Y estiró sus brazos hacia los pilares afirmándolos en sus hombros. Los pilares se estremecieron cuando Sansón los empujó. Grandes bloques de piedra tronaron y rompieron el techo, que cayó aplastando a Sansón y a sus enemigos, dejando en ruinas al templo.

Cuando los israelitas escucharon lo ocurrido alabaron a Sansón.
—Él mató más filisteos en su muerte que en toda su vida —dijeron. Sin embargo, seguían necesitando un líder que los librara de sus enemigos, para bien.

RUT
Hambre en Israel

Aunque los israelitas enfrentaban con frecuencia al peligro de ser atacados por sus enemigos después de entrar en Canaán, no siempre estuvieron en guerra. ¡Después tuvieron que encarar otro problema! Un año la cosecha fue tan mala que no había suficiente alimento para todos. Uno de los israelitas decidió mudarse con su esposa Noemí y sus dos hijos a otro país donde la cosecha fuera buena. Había mucho maíz en Moab, así que la familia se estableció allí. Con el paso del tiempo los hijos se hicieron hombres y se casaron con dos muchachas moabitas llamadas Rut y Orfa. Todos eran muy felices, pero en poco tiempo una gran desgracia caería sobre la pequeña familia. Primero, murió el esposo de Noemí y después, también sus dos hijos. La pobre Noemí quedó sola y lejos de su hogar.

Así que llamó a sus dos nueras y les dijo: —Ustedes deben ahora pensar en sí mismas. Regresen a casa de sus padres. Seguro que podrán volver a casarse. No se preocupen por mí, que regresaré a la mía en Israel.

—Pero queremos ir contigo —dijeron las jovencitas.

Entonces recogieron sus pertenencias y se pusieron en marcha. Antes de llegar a los límites de Israel, Noemí trató una vez más de persuadirlas para que la dejaran y regresaran a sus hogares.

Por fin Orfa estuvo de acuerdo y regresó a los suyos, pero Rut rechazó abandonar a Noemí.

—Quiero quedarme contigo. Tu pueblo será mi pueblo, y tu Dios será mi Dios. No me pidas que te deje, ni me aleje de ti.

Cuando Noemí se convenció de que Rut sentía en verdad lo que decía, se sintió muy complacida pues no tenía amistades; y así continuaron juntas el viaje hacia Israel.

Al fin llegaron a Belén, la ciudad natal de Noemí. Era tiempo de cosecha y las blancas murallas de la ciudad se alzaban frente a ellas desde los campos de cebada. Las familias que recogían la cosecha se enderezaron, miraron a las dos mujeres y comentaron: —¿No es esa Noemí, que regresa a casa después de tantos años? ¡Qué triste se ve! ¿Dónde están su esposo y sus dos hijos? Solo una joven extranjera viene con ella.

Y se reunieron en el camino para encontrarse con ella y escuchar su historia.

Rut y Booz

Rut y Noemí eran muy pobres, pero se dirigieron a Belén para encontrar algún lugar donde vivir. Después tendrían que pensar en alimentarse. No tenían dinero para comprar granos, pero Dios había dado una ley a los israelitas. Se les permitía a los pobres andar detrás de los hombres encargados de la cosecha y recoger todos los granos que quedaban en el camino.

Cuando Rut escuchó eso, le preguntó a Noemí si ella podía ir al campo y recoger granos para ambas.

Noemí estuvo de acuerdo y Rut salió temprano en la mañana a seguir a los segadores.

El campo donde estaba trabajando pertenecía a un campesino rico llamado Booz. Él se impresionó mucho al escuchar la historia de Rut.

—Es una buena muchacha para dejar su propia casa y cuidar a Noemí.

Asegúrense de que recoja suficiente grano —dijo a sus hombres—. Saquen un poco de sus propios manojos y déjenlos caer donde ella va a pasar.

Esa tarde, Rut trajo a casa un gran manojo de cebada. Lo molió y lo hizo harina y Noemí horneó un delicioso pan. Cuando Noemí supo el lugar donde Rut había trabajado, se alegró.

—Booz es nuestro pariente —exclamó—. De hecho, ahora debe ser mi pariente más cercano. Quizás haga algo para ayudarnos. Debes regresar a su campo mañana.

Cada día durante la cosecha, Rut fue a trabajar al mismo campo y Booz la observaba. Él vio que ella trabajaba duro y era muy amable con todos. Al terminar la

cosecha, ya se había enamorado
de ella y antes que el último grano
fuese trillado se casaron.

En el tiempo de la cosecha del
año siguiente, Rut tuvo un niño al
que llamaron Obed. Ahora Noemí
estaba feliz. Amaba al hijo de Rut
como si fuera de ella. Y hubiera
sido aun más feliz, de haber sabido
que el nieto de Obed llegaría a
convertirse en el mayor rey de la
nación, el rey David, y que Rut,
aquella joven extranjera sería parte
de la historia de Israel.

SAMUEL
La promesa de Ana

En el mismo tiempo del nacimiento de Obed, el hijo de Rut, en otra parte del país vivía una mujer llamada Ana.

Ella iba todos los años al templo de Silo con su esposo a adorar a Dios. Un año, cuando todos celebraban una de sus fiestas, Ana fue sola al templo para orar. Se sentía infeliz porque no tenía hijos y otra mujer se burlaba de ella. Ella lloraba mientras clamaba:

—Por favor Dios, concédeme un hijo. Prometo dedicarlo a ti para que te sirva toda su vida.

La voz de Ana no podía ser oída, solo sus labios se movían. Por eso, Elí, el sacerdote que la observaba, pensó que estaba borracha y le dijo con aspereza:

—¿Hasta cuándo estarás ebria? Este no es lugar para ti. Regresa cuando estés sobria.

—Oh señor, yo no he bebido. Estoy contándole mis problemas a Dios.

—Entonces ve en paz y que Dios te conceda lo que has pedido —dijo Elí.

Antes de terminar el año, Ana tuvo un hijo. Lo llamó Samuel. Ella se alegró mucho y nunca olvidó su promesa a Dios. Siendo todavía muy pequeño, entre cuatro y cinco años, ella lo llevó al templo para ver a Elí.

El anciano bajó la mirada hacia el niño y preguntó:

—¿Quién es este niño?

—Es el hijo por el que rogué —contestó Ana—. Ahora lo he traído para entregárselo al Señor, de modo que pueda servirle siempre.

Cuando todo estuvo acordado, Samuel se quedó en el templo como ayudante de Elí, pero su madre lo visitaba y le hacía ropas nuevas a medida que crecía.

De esa forma, cada año, Ana iba a visitar a Samuel. Le llevaba nuevos vestidos, le contaba todas las noticias sobre su familia y más adelante trajo a sus hermanos y hermanas para que lo conocieran, pues Ana tuvo cinco hijos más después de Samuel. Este disfrutaba mostrándoles el templo y contándoles su deseo de complacer a Dios. Ana era muy feliz. Podía ver que Samuel consideraba el templo como su hogar.

Una voz en la noche

Los hijos de Elí eran sacerdotes en el templo, pero también eran tramposos; se robaban las ofrendas que los pobres traían para Dios. Elí sabía lo que ocurría, pero no podía detener a sus hijos.

Una noche cuando Samuel dormía, cerca del gran candelabro de siete brazos del templo, escuchó una voz que lo llamaba: "¡Samuel, Samuel!"

El niño se sentó. Las lámparas todavía estaban encendidas. Miró a lo lejos pero no vio a nadie. Pensó que Elí debía haberlo llamado y corrió hacia él. Pero Elí le dijo:

—Vuelve a tu cama Samuel, yo no te llamé.

Samuel se acostó, pero la voz dijo su nombre otra vez. Él volvió a correr hacia Elí e insistió:

—¿Me ha llamado, señor?

—No, regresa a tu cama —contestó el anciano.

Entonces Samuel obedeció, pero la voz llamó de nuevo y volvió ante Elí y le dijo lo que ocurría.

Ahora el anciano comprendió que Dios intentaba hablar con Samuel.

—Si la voz te vuelve a llamar, dile: "Habla, Señor, porque tu siervo escucha" —le dijo Elí.

Samuel volvió a acostarse y cuando la voz llamó una vez más, le contestó con claridad:

—Habla, Señor, que tu siervo escucha.

—Debes decirle a Elí que castigaré a sus hijos, porque ellos se han vuelto contra mí —dijo Dios.

A la mañana siguiente, Elí le preguntó:

—¿Qué te dijo el Señor?

Samuel no quería contarle, pero al fin, el sacerdote lo convenció para que hablara.

Cuando Elí oyó el mensaje de Dios se limitó a decir:

—Él es Dios, debe hacer lo que considere justo.

La captura del arca del pacto

Poco tiempo después, los filisteos atacaron a los israelitas y los vencieron en una batalla terrible. Algunos de los israelitas huyeron al templo de Silo. Querían llevar al campo de batalla el arca santa que guardaba las tablas de piedra inscritas con las promesas de Dios. Pensaban que eso podría ayudarlos a ganar, porque era una señal de que Dios estaba con ellos. Los hijos de Elí llevaron el arca al campo de batalla.

Cuando los soldados vieron el arca, gritaron tan fuerte que los filisteos atacaron con más intensidad. Mataron treinta mil hombres, incluyendo a los hijos de Elí, y se apoderaron del arca preciosa. Dios no podía ayudar a Israel a ganar, porque el pueblo no lo obedecía.

Un mensajero corrió a llevar las noticias a Elí. El anciano sacerdote estaba sentado junto a las puertas de la ciudad, esperando con ansias saber cómo había terminado la batalla. Cuando oyó que sus hijos habían muerto y que el arca santa había sido tomada por el enemigo, cayó de la silla hacia atrás y murió al instante.

Sin embargo, Dios no permitió que el arca del pacto estuviera en manos del enemigo mucho tiempo. En cada ciudad donde intentaban guardarla aparecían enfermedades y plagas. En poco tiempo, los filisteos estaban cansados de sufrir. Así que pusieron el arca santa en una carreta de madera y la rodearon con obsequios de oro. Después amarraron dos vacas a la carreta y las dejaron marchar. Las vacas se dirigieron directo hacia Israel.

Los israelitas estaban rebosantes de alegría al recuperar el arca, pero los filisteos continuaban atacándolos. Al fin, se acordaron de Dios y le pidieron su ayuda.

Samuel, que era uno de los hombres más respetados en Israel, los reunió a todos.

—Dios los rescatará si derriban todos esos ídolos que adoran y se vuelven a él —les dijo.

La gente estaba verdaderamente arrepentida de haberse alejado de Dios.

Entonces derramaron agua sobre la tierra y no comieron alimentos en señal de que reconocían que actuaron mal. Samuel oró por ellos. Entonces Dios ayudó a los israelitas a volver a tomar todas las ciudades que los filisteos les habían quitado.

SAÚL

El pueblo pide un rey

A pesar de los triunfos que Dios ganó para los israelitas en las batallas, ellos comenzaron a quejarse.

—Otras naciones tienen reyes que van al frente del ejército —le reclamaban a Samuel—. ¡Danos también un rey!

Samuel se enojó mucho al oír eso y oró a Dios.

—¡No te enojes! El pueblo no te rechaza a ti sino a mí. Haz lo que

dicen y déjales tener un rey, pero adviérteles que no será fácil para ellos —le respondió Dios.

Samuel le contó al pueblo lo que Dios había dicho. Entonces preguntó:

—¿Saben cómo los tratará el rey? Tomará a sus hijos e hijas y los obligará a trabajar para él. También se apropiará de sus mejores campos, ganados y asnos.

Pero el pueblo deseaba tanto tener un rey que no escuchó a Samuel, de modo que él esperó para que Dios le mostrara a quién debía escoger por rey.

Poco tiempo después, un joven desconocido llegó a la ciudad donde Samuel vivía.

—Él es tu hombre, el nuevo rey —dijo el Señor a Samuel. Y este ofreció al hombre, una calurosa bienvenida.

El joven de nombre Saúl, estaba sorprendido. Él buscaba la ayuda de Samuel, para hallar unos asnos de su padre que se habían perdido. Él no esperaba una bienvenida como la que le dan a los reyes y se sorprendió más al comprobar que Samuel conocía su encomienda, sin haber hablado antes con él.

—No te preocupes por los asnos, ya los encontraron —le dijo Samuel y lo invitó a él y a su sirviente, a comer y pasar la noche en su casa.

Muy temprano en la mañana, antes que alguien se levantara a ver lo que ocurría, Samuel ungió a Saúl como rey de Israel, tomando una vasija llena de aceite y derramándola en su cabeza.

—Este aceite es la señal de que Dios te ha escogido —dijo.

Saúl se convierte en rey

Más tarde, Samuel decidió presentar a Saúl al pueblo; todos los israelitas se reunieron para conocer al joven pero no aparecía por ninguna parte. Estaba escondido entre el equipaje y las tiendas. Tuvieron que buscarlo y traerlo a la reunión.

Saúl parecía un rey, porque era más alto que todos los demás. Al verlo, todos comenzaron a gritar:

—¡Viva el rey Saúl! ¡Dios salve al rey! Pero algunos se preguntaban si sería capaz de ayudarlos.

—Él no desciende de una familia rica e importante —murmuraban y se negaban a seguirlo.

Sin embargo, al principio Saúl se comportó bien. Poco después de que lo proclamaron rey, los amonitas, una tribu sanguinaria, atacó la ciudad de Jabes. El líder de los amonitas advirtió a los habitantes de aquella ciudad que haría alianza con ellos, si cada uno se sacaba el ojo derecho. De inmediato, los hombres de Jabes enviaron un mensaje a Saúl.

Saúl estaba furioso. Él quería correr y ayudar enseguida a ese pueblo, pero primero tenía que estar seguro de que todos los israelitas lo seguirían.

Así que mató dos bueyes, los cortó en pedazos y los envió por todo el país con sus mensajeros.

—Saúl hará lo mismo con sus bueyes si ustedes rechazan seguirlo a él y a Samuel —advertían los mensajeros.

De una vez, se reunió un enorme ejército y Saúl los condujo a Jabes. La batalla comenzó al amanecer del día siguiente. Al mediodía Saúl y su ejército habían obtenido una gran victoria. Los israelitas estaban entusiasmados y querían matar a quienes no querían que Saúl fuera rey. Pero este les dijo:

—Nadie morirá hoy, porque Dios nos ha dado la victoria.

—Vayamos a Gilgal para coronar a Saúl como rey —añadió Samuel. Entonces fueron al lugar santo en Gilgal y tuvieron una gran celebración en honor de Saúl.

Saúl desobedece a Dios

De una vez, se reunió un enorme ejército y Saúl los condujo a Jabes. La batalla comenzó al amanecer del día siguiente. Al mediodía Saúl y su ejército habían obtenido una gran victoria. Los israelitas estaban entusiasmados y querían matar a quienes no querían que Saúl fuera rey. Pero este les dijo: —Nadie morirá hoy, porque Dios nos ha dado la victoria.

—Vayamos a Gilgal para coronar a Saúl como rey —añadió Samuel.

Entonces fueron al lugar santo en Gilgal y tuvieron una gran celebración en honor de Saúl.

Samuel esperaba que Saúl continuara siendo un buen rey, pero se decepcionó. Un día Jonatán, el hijo de Saúl, atacó una base filistea y estos en venganza, lanzaron un ataque feroz. Saúl reunió un gran ejército para pelear contra ellos, pero Samuel le indicó que lo esperara para ofrecer sacrificios a Dios antes de comenzar la batalla. Esperaron durante una semana, pero Samuel no apareció. El pueblo temía porque los filisteos se acercaban y el ejército no estaba listo para pelear.

Algunos de los hombres comenzaron a escabullirse hacia sus casas y aumentó la impaciencia de Saúl. Por último, él mismo se encargó de los sacrificios. Tan pronto como terminó, llegó Samuel. Este se enfureció y le reclamó:

—¿Por qué no esperaste como te dije? Desobedeciste a Dios y has actuado con necedad al ofrecer el sacrificio por tu cuenta. Ahora él buscará a otro para que sea rey en tu lugar, alguien que lo sepa obedecer.

Poco tiempo después, Samuel le dio a Saúl otra orden de Dios:

—Ataca a los amalecitas y destrúyelos. No dejes que nadie quede vivo, ni personas ni animales —Saúl fue a la batalla y derrotó a los amalecitas, pero dejó al rey como prisionero y dio como botín para sus soldados el mejor ganado y ovejas. Samuel llegó al campo para visitar a Saúl.

—Has desobedecido a Dios otra vez —gritó enfurecido—. Puedo oír mugidos de vacas y balidos de ovejas.

—Hice lo que Dios pidió —mintió Saúl—. Solo guardé los mejores animales para sacrificarlos a Dios.

—Es mejor obedecer a Dios que ofrecerle los mejores animales en el altar —contestó Samuel—. Porque tú has rechazado a Dios desobedeciéndolo, Él te rechaza a ti.

Tan pronto como Samuel dio la espalda, Saúl agarró con fuerza la punta del manto del anciano para rogarle que no se fuera, y esta se rasgó.

—Dios ha rasgado tu reino de ti y lo ha dado a otro —dijo Samuel.

Saúl se enfrentó al anciano, desesperado.

—He actuado mal, pero todavía soy el rey de Israel. No me descubras frente a mi ejército, por favor —le rogó.

Samuel accedió y juntos adoraron a Dios. Entonces Samuel se fue. Sentía pena por Saúl, que fue dejado solo para que gobernara sin la ayuda de Dios. Nunca más se volvieron a ver.

DAVID, EL PASTOR REY
Dios escoge un nuevo rey

Como Saúl había desobedecido a Dios muchas veces, el Señor le pidió a Samuel que escogiera un nuevo rey. Era algo muy peligroso, pues si Saúl se enteraba de ello mataría a Samuel. El anciano tenía que ser muy cuidadoso.

—Ve a Belén —le dijo Dios—. Un hombre llamado Isaí vive allí y yo he escogido a uno de sus hijos para que sea el rey. Toma una becerra y sacrifícamela en aquel lugar para que Saúl no sospeche y después te diré qué más hacer.

Entonces, Samuel fue a Belén e invitó a Isaí y a sus hijos al sacrificio. El mayor de los hijos de Isaí era fuerte y apuesto. Samuel iba a escogerlo para rey de inmediato, pero Dios le dijo:

—No.

Y lo mismo ocurrió con los otros seis hermanos. Dios no quiso a ninguno para ser rey.

—¿Tienes más hijos?—preguntó Samuel.

—David, el menor de todos, pero está cuidando las ovejas —contestó Isaí.

Así que envió a un sirviente a buscarlo.

—Tiene buen parecer —pensó Samuel, observando el entusiasmo de David en su cara juvenil—. ¿Podría este jovencito ser el rey?

—Sí —fue la respuesta de Dios—. Derrama ahora, aceite sobre su cabeza, en señal de que yo lo he escogido para ser el rey.

Samuel siguió las instrucciones. David miró hacia lo alto. Sus ojos brillaban. "Este joven ama a Dios —pensó Samuel —. Dios lo ayudará a ser un rey de verdad".

David en el palacio del rey

Mientras tanto, Saúl estaba desesperado, pues sabía que el Señor lo había desechado. Cuando nadie podía consolarlo se ponía de muy mal humor.

Sus sirvientes vieron lo triste que estaba y le dijeron:

—¿Por qué no busca a alguien que toque música para vuestra majestad? Eso le traería calma y lo haría sentirse mejor.

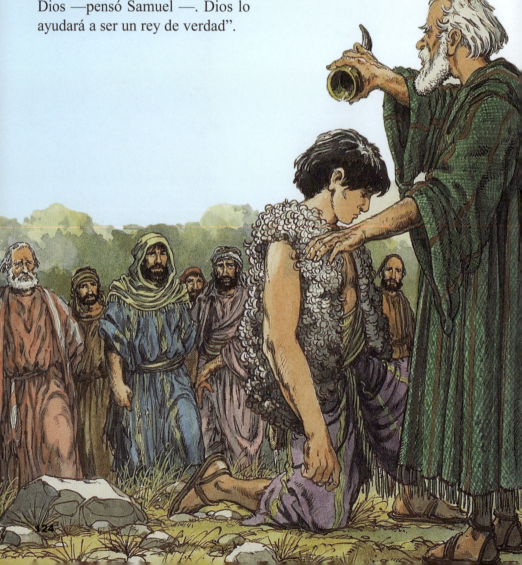

Saúl estuvo de acuerdo y uno de sus sirvientes comentó:

—He oído de un pastorcito llamado David que puede tocar el arpa y canta bien. ¿Por qué no ordena que lo traigan?

Así fue como David llegó al palacio, como sirviente de Saúl. Él trajo regalos para el rey: un asno cargado con pan fresco, vino y un cabrito blanco. Pero el mejor presente para Saúl fue la música de David. Sus cantos mencionaban las altas colinas alrededor de su casa donde él andaba con sus ovejas. Lo mejor era que cantaba acerca de Dios. Siempre que el mal humor se apoderaba de Saúl, David tocaba para él y el rey se sentía mejor.

En breve tiempo, David tuvo que regresar a Belén a cuidar los rebaños de su padre. Él era un buen pastor, atendía con esmero su rebaño y lo protegía del peligro. Con frecuencia, los animales salvajes intentaban llevarse alguna oveja. David escuchaba el gemido de la oveja asustada y veía a un oso de la montaña o a un león parado sobre ella, listo para devorarla. Sin perder un segundo, corría hacia la fiera y la atacaba dándole una paliza con su vara o luchando a mano limpia, y arrebataba a la oveja de la boca del animal.

David mata a Goliat

Poco después de la visita de David al palacio, los filisteos, enemigos de los israelitas, atacaron a Saúl y a su ejército. Los hermanos de David fueron a la guerra, pero David permaneció en la casa para cuidar las ovejas.

De tiempo en tiempo, Isaí enviaba a David al campamento de Saúl para averiguar cómo estaban sus hijos y enviarles alguna comida.

En una de esas ocasiones, David encontró a todo el ejército alineado observando a uno de los filisteos, un gigante enorme de tres metros de estatura, que usaba un casco y una pesada armadura. Su nombre era Goliat de Gat. Se pavoneaba de un lado a otro del valle entre los campamentos, provocando a los hombres de Saúl.

Había hecho eso cada día, desde que los ejércitos acamparon allí.

—Escojan un hombre para luchar conmigo. Decidiremos la batalla de un solo golpe —gritaba.

Pero ningún israelita se atrevía a enfrentar al filisteo.

—¿Quién piensa ese hombre que es? No solo está provocando a nuestro ejército, sino a Dios—reclamaba David.

—¿Qué sabes tú de eso? ¡Regresa al rebaño, mocoso insolente! —gruñó el hermano mayor de David.

—¿No puedo hacer una simple pregunta? ¿Ha ofrecido el rey alguna recompensa a quien mate a ese gigante?—insistió David.

—Sí —contestó uno de los soldados—. ¿Te interesa?

Todos rieron. Uno que oyó la conversación, fue y le contó a Saúl. El rey mandó buscar a David. Al verlo exclamó:

—¡Vaya, es el pastorcito! ¿Qué quieres, David?

—Majestad, yo no temo a ese filisteo. Pelearé contra él.

—¿Tú, David? No, no es posible que hagas eso —contestó Saúl—. Eres demasiado joven. Él tiene más estatura que tú y es además, un soldado entrenado.

—Señor, yo he llevado las ovejas de mi padre a lo más alto de los montes. A menudo, los osos y leones intentaban arrebatarme las ovejas del rebaño y yo los mataba, señor. Así que también mataré a ese filisteo. ¡Dios me libró en esos momentos y lo hará una vez más!

—Está bien David —contestó Saúl—. ¡Ve y lucha con el gigante, y que Dios te acompañe! Usa mi armadura.

El rey puso su casco sobre la cabeza de David y le dio su armadura y su espada, pero David vaciló.

—Lo siento, señor, nunca antes he peleado con armadura —entonces, recogió su vara y su honda de pastor, seleccionó cinco piedras lisas del arroyo que atravesaba el campo y caminó en dirección al valle para enfrentarse a Goliat.

El gigante, al verlo, soltó una carcajada. —¡Ey, mandaron a un chiquillo a pelear conmigo! ¿Acaso piensan que soy un perro para ser golpeado con piedras y palos?

Así continuó maldiciendo a David en el nombre de su dios, pero el joven gritó: —¡Tú vienes a

pelear contra mí, con espada, lanza y jabalina, pero yo voy a ti con la ayuda de Dios, y Él es más fuerte que tú y todo tu ejército!

Lleno de furia, Goliat avanzó hacia David. El joven colocó enseguida una piedra en su honda y la tiró hacia el filisteo con toda su fuerza. Golpeó en la frente al gigante, este se tambaleó y cayó sobre su frente en tierra. David saltó sobre el cuerpo del gigante, sacó la pesada espada de su vaina y con ella cortó la cabeza de Goliat. Cuando los filisteos vieron lo ocurrido, huyeron confundidos y los gritos de victoria de los israelitas lo persiguieron todo el camino de regreso a su tierra de origen. ¡Fue una victoria total! Ese mismo día, Saúl nombró a David capitán del ejército. Llegó también a ser el mejor y más amado amigo del príncipe Jonatán, hijo de Saúl, que era un valiente soldado.

—¡Nunca olvidaré este día! ¡Ahora tu padre tendrá que buscar otro pastor, aunque no será fácil encontrar alguien tan valiente como tú! —dijo Jonatán. Jonatán se quitó su manto real y se lo puso a David. Entonces, le entregó al pastorcito su propia armadura y su espada, su arco con flechas y su cinturón.

—Tómalos, David, son tuyos ahora —exclamó el príncipe.

Así ambos establecieron un pacto de amistad para toda la vida.

Saúl, el rey celoso

Después de la batalla, las mujeres salieron de sus pueblos a encontrarse con Saúl, danzando a su alrededor, tocando sus panderos y cantando para celebrar la victoria, pero la letra de sus canciones pusieron celoso a Saúl.

—¡Saúl mató miles de hombres, pero David ha matado a diez miles!

—Lo único que falta es que hagan rey a David, en mi lugar —murmuró Saúl. Llegó a la casa de muy mal humor y a partir de entonces no volvió a confiar en David.

Al día siguiente, Saúl tuvo uno de sus malos pensamientos y David se sentó junto a él a tocar el arpa. De repente, el rey agarró una jabalina y la lanzó en dirección a David con la intención de clavarlo en la pared. Este la evadió, pero Saúl quería matarlo. De modo que lo envió a pelear contra el ejército filisteo, con la esperanza de que muriera en la batalla, pero David dirigió el ejército tan bien, que obtuvo grandes victorias y se volvió incluso más popular que antes.

Saúl estaba tan celoso que intentó conseguir la ayuda de Jonatán para matar a David. Jonatán fue siempre leal a su padre, pero defendió con valor a su amigo. Saúl lo escuchó y le prometió que no volvería a dañar a David, pero al poco tiempo estaba conspirando de nuevo contra él.

Jonatán advierte a su amigo

David sabía que su vida estaba en peligro, aunque Jonatán no podía creer que su padre no cumpliera su palabra.

Ambos decidieron averiguar si Saúl planeaba en verdad la muerte de David, pues este último sabía que Jonatán era la única persona en quien podía confiar.

—Tú te escondes detrás de la roca—dijo Jonatán a David—. Averiguaré todo lo que mi padre siente por ti, y regresaré aquí. Voy a traer mis flechas y fingiré que estoy tirando a un blanco para practicar. Si me oyes decirle a mi criado que las flechas han caído más allá del objetivo, sabrás que mi padre piensa matarte en realidad.

Cuando Jonatán intentó hablarle al rey sobre David, Saúl se puso furioso.

—Ese pastor intenta quitarme el trono y tú estás equivocado por completo acerca de él. ¿No comprendes que nunca serás rey después de mí mientras David viva?

En su furia, Saúl intentó matar también a Jonatán, pero el príncipe lo evadió y junto a un niño esclavo, fue a buscar a David. Ya en el campo, comenzó a lanzar sus flechas cerca de la roca, y a decirle a su sirviente:

—¡Mira la flecha más allá del objetivo! ¡Corre y encuéntrala!

Cuando el niño desapareció de su vista, David corrió hacia Jonatán.

Él se arrodilló y puso la cabeza en tierra tres veces ante el príncipe. Ambos lloraron al despedirse.

—Siempre seremos amigos y también lo serán nuestros hijos —le prometió Jonatán—. Dios va contigo, David.

Entonces David fue a esconderse y Jonatán regresó muy despacio a casa.

David perdona la vida a Saúl

Saúl se enfureció al escuchar que David había escapado. Salió con su ejército a perseguirlo, pero antes de poder encontrarlo, una banda de bandidos y de hombres que no querían servir a Saúl se unieron a David. Vivían en cuevas ocultas en los montes. Un día, un hombre apareció a la entrada de la cueva donde David estaba escondido.

—Es el rey —murmuraron los hombres de David—. Vamos, David. Esta es tu oportunidad. Mátalo ahora.

David se arrastró en la oscuridad, espada en mano. Se paró detrás de Saúl, se inclinó hacia él y cortó la esquina de su largo manto mientras sus hombres miraban enmudecidos.

—Jamás le haré daño a Saúl —explicó David, al reunirse con ellos—. Dios lo escogió para que nos gobierne.

Entonces Saúl salió de la cueva a salvo, sin tener idea del peligro que había corrido, hasta escuchar una voz que lo llamaba: "Su Majestad".

Saúl se volteó asombrado. David se arrodilló ante él.

—¿Señor, por qué continúas intentando matarme? Hace un momento pude haberte quitado la vida, pero solo corté una esquina de tu manto.

¡Mira, aquí está! ¿Eso no te convence? Tú eres mi rey, señor, y jamás haré daño ni a un cabello de tu cabeza.

—¡Oh David!, ¿eres tú en realidad?

—exclamó Saúl. De repente, se echó a llorar—. Comprendo que he estado muy equivocado respecto a ti. Eres un hombre mejor que yo. Me has protegido y yo he intentado hacerte daño. No lo haré más.

Pronto Saúl olvidó su promesa y envió a su ejército a perseguir a David otra vez.

La última batalla de Saúl

Saúl estaba muy solo ahora. Sus malos pensamientos de desesperación, permanecían todo el tiempo en su mente porque ya no había un David que los echara fuera con su música. Los filisteos, vencidos con la ayuda de David, atacaron una vez más con un gran ejército. En su angustia y terror, Saúl actuó con desesperación. Él sabía que la magia estaba prohibida por Dios, pero una noche se disfrazó y fue a visitar a una mujer adivina que afirmaba poder hablar con los muertos.

—Quiero hablar con el fantasma de Samuel —le pidió.

Había pasado mucho tiempo desde la muerte de Samuel, pero esperaba que su fantasma pudiera ayudarlo en su problema.

Sin embargo, cuando la figura imprecisa de Samuel apareció, le dio a Saúl una terrible noticia:

—Perderás la batalla contra los filisteos y mañana tú y tus hijos estarán conmigo.

Saúl se dirigió a su última batalla y allí en el monte Gilboa, Jonatán y sus otros hijos murieron.

Saúl fue herido por una flecha. Él sabía que no podía escapar y no quiso ser cautivo de los burlones filisteos, de modo que cayó sobre su propia espada y se mató.

Cuando David oyó las noticias, una gran pena se apoderó de él a pesar de todo lo que Saúl le había

hecho. Rasgó sus vestidos como señal de duelo y él y sus hombres no comieron hasta la tarde. Entonces, David levantó su arpa y cantó un lamento por Saúl y por Jonatán, su querido amigo muerto.

"Hijas de Israel, lloren por Saúl que les daba joyas de oro y adornaba sus ropas con ornamentos de oro también. Ahora él ha caído en el campo de batalla. ¡Que no caiga en estos montes rocío ni lluvia!

Saúl y Jonatán, mis amados, inseparables en su vida y en su muerte; eran más ligeros que las águilas, más fuertes que leones.

¡En lo alto de las montañas, han caído nuestros héroes! ¿Por qué fallaron tus armas, oh Israel?"

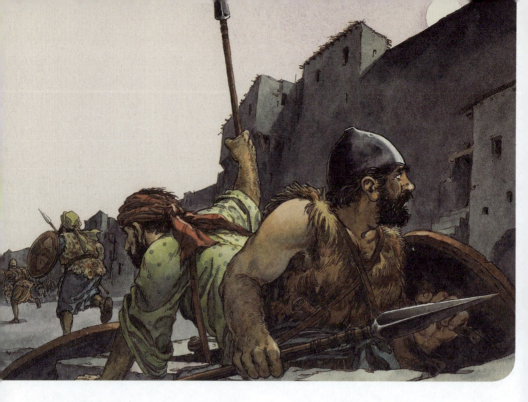

El rey David toma a Jerusalén

Después de la muerte de Saúl, el pueblo de Israel reconoció a David como rey. Al principio gobernó desde la ciudad de Hebrón, pero no contaba con una capital como tal. Un día él y sus hombres atacaron una fortaleza que pertenecía a los jebuseos, enemigos de los israelitas.

—Ustedes nunca tomarán nuestro fuerte —se burlaron ellos—. Lo hemos construido sobre roca sólida. Hay tres precipicios empinados en tres de nuestros costados y la muralla del cuarto lado es demasiado fuerte para ustedes.

Estaban en lo cierto, pero había un camino a la ciudad y David lo descubrió.

—Ellos han cavado un túnel justo bajo la muralla para su abastecimiento de agua del exterior —dijo a sus hombres—. Podemos entrar por ahí.

Algunos de sus soldados se arrastraron a lo largo del canal de agua que conducía a una salida empinada en la roca y a lo largo de un túnel, directo a la fortaleza. Entonces abrieron las puertas de la ciudad y dejaron entrar al resto del ejército de David.

De esa forma, David tomó la fortaleza y construyó allí su ciudad capital. Su nombre fue Jerusalén, llamada así hasta el día de hoy. Desde allí David gobernó su reino y lo fortaleció.

David, sin embargo, no olvidó a su amigo Jonatán. Un día, preguntó a los antiguos criados de Saúl, si quedaba vivo alguno de los miembros de la familia de Jonatán.

—Hay alguien —contestó uno de ellos—. El hijo de Jonatán, señor. Está lisiado.

—Tráiganmelo —ordenó David. Y los hombres fueron a buscarlo.

Pocos días después los criados anunciaron al rey:

—¡Aquí está Mefiboset, el hijo de Jonatán!

Mefiboset avanzó con dificultad hacia la habitación de David. Hizo una reverencia ante David y se postró. David notó que estaba asustado. Así que le habló con toda gentileza al hijo único de su mejor amigo.

—No tengas temor Mefiboset. No te he traído aquí para hacerte daño sino para ver si puedo ayudarte. Voy a devolverte todas las tierras que eran de tu abuelo Saúl. Tendrás criados para que cuiden de ellas y te sirvan.

Mefiboset miró a David con asombro.

—Yo estoy demasiado lisiado para pelear por ti, señor, y mi abuelo siempre intentó matarte. Pensé que me tratarías como a un enemigo. ¿Por qué eres tan bondadoso conmigo?

—Tu padre fue un verdadero amigo —contestó David.

A partir de entonces, Mefiboset tuvo un lugar de honor en el palacio de David y comía todos sus alimentos en la misma mesa del rey.

Fiestas y danzas en las calles

David quería complacer a Dios y buscaba maneras especiales para honrarlo. Fue por eso que decidió traer el arca preciosa del pacto que contenía las leyes de Moisés a su nueva ciudad. Ordenó a los sacerdotes que trajeran el arca, y él y sus hombres marcharon en una procesión espléndida con ellos. David se sentía tan contento, que comenzó a bailar.

Se quitó su manto real, saltaba y giraba con todas sus fuerzas mientras su pueblo lo observaba cantando y tocando sus panderos. Su esposa Mical lo vio y pensó: "David está

haciendo el papel de tonto y bailando como un loco frente a todos".

No solo pensó así sino que le llamó la atención al respecto cuando David regresó al palacio. Pero él no le hizo caso. Sabía que había bailado para alabar a Dios y que el Señor estaba complacido con él.

Después que el arca estuvo segura en Jerusalén, David hizo una gran fiesta. Todos en la ciudad recibieron pan y tortas de pasas y dátiles para comer.

En ese entonces, David era un rey rico y poderoso. Había construi-do un palacio en Jerusalén, decorado con piedras y madera de cedro. Allí vivía con su familia.

Aunque estaba muy ocupado gobernando y construyendo la ciudad, recordaba que solo mediante la ayuda de Dios se había convertido en rey. Tomaba su arpa y en su cantar mencionaba las formas en que Dios lo había ayudado cuando su vida estuvo en peligro y se sintió solo y desdichado. Todavía podemos leer en nuestras Biblias, en el libro de los Salmos, las palabras que David escribió muchos siglos atrás.

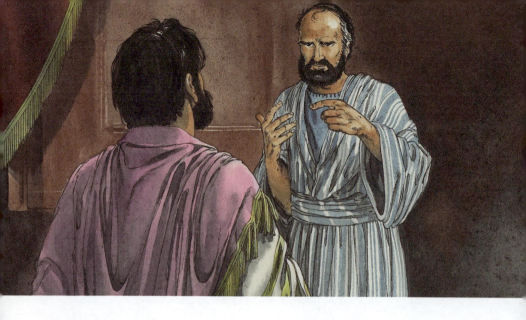

David y Betsabé

Aunque David intentaba ser agradable a Dios, algunas veces desobedecía y eso le causaba problemas.

En una ocasión, después de ser rey por algún tiempo, se enamoró de una mujer muy bella llamada Betsabé. Como la mayoría de los reyes de esa época, David tenía muchas esposas y aunque Betsabé era casada, la quiso para sí. Urías, uno de sus soldados, era el esposo de Betsabé y esto ayudó a David a pensar en un plan para deshacerse de él. Envió una orden secreta al oficial que comandaba a Urías:

—Pon a Urías al frente de la batalla, donde la lucha sea más peligrosa y déjalo solo para que muera.

Poco después llegó la noticia de que Urías había muerto y casi de inmediato David y Betsabé se casaron.

Dios estaba enojado con David y envió un hombre santo llamado Natán, que amaba y servía a Dios, a mostrarle a David cuánto mal había hecho. Natán le contó una historia.

—Había una vez dos hombres que vivían en la misma ciudad —comenzó diciendo—. Uno era rico y el otro pobre. El rico tenía muchas ovejas y el pobre solo tenía una corderita que trataba como a una hija. Bebía de su copa, comía y dormía con él, se sentía segura en sus brazos. Un día, el hombre rico tuvo una visita inesperada. Él quiso ofrecerle al visitante una cena, pero era tan miserable que en vez de matar una de sus ovejas, tomó la corderita del hombre pobre y la mató para comer de ella.

Esta historia enfureció a David y exclamó: —El hombre rico merece morir.

Natán lo miró fijo a los ojos y le dijo: —¡Tú eres el hombre rico! Has hecho la misma maldad al tomar la esposa de Urías para ti y mandarlo a matar.

Entonces David comprendió lo terrible de su actitud.

—He hecho algo muy malo —le dijo a Natán.

Tenía destrozado el corazón y le suplicó perdón a Dios. El Señor lo perdonó, pero a partir de entonces siempre hubo problemas y discordias en la gran familia de David.

Sin embargo, el tiempo pasó y Betsabé tuvo un niño y a pesar de todos los problemas, David y ella estaban gozosos. Decidieron llamar al niño Salomón, que significa "paz".

EL REY SALOMÓN
La coronación de Salomón

El tiempo pasó. El rey David se puso viejo y tenía que permanecer en cama la mayor parte del tiempo. Todos se preguntaban quién sería el próximo rey. Ellos no sabían que David había escogido a su hijo Salomón.

—Debo ser yo —dijo el príncipe Adonías—. Soy el hijo mayor de David. Debo ser el próximo rey.

Pensando eso celebró una gran fiesta y se nombró rey a sí mismo, pero no invitó a Salomón. En cuanto Betsabé escuchó eso se apresuró a contárselo a David.

—Su Majestad —dijo, haciendo una reverencia—. Recuerde que una vez me prometió que Salomón sería su sucesor al trono. Todo el pueblo de Israel desea saber quién será el próximo rey y ahora Adonías, su hijo mayor, está celebrando una fiesta con sus amigos anunciándoles a todos que él es el próximo rey.

Natán el profeta, que también sabía de ello, lo confirmó:

—Es cierto. Ellos están gritando: "¡Viva el rey Adonías!" Por supuesto, no nos han invitado a su fiesta.

—¡Pero eso no tiene sentido! Está decidido que Salomón será el rey. Debes ungirlo como rey ahora mismo —exclamó David

Entonces Salomón, cabalgando en la mula del rey, salió del palacio junto a sus amigos en una procesión solemne. Uno de los sacerdotes oró y derramó aceite sobre la cabeza de Salomón, ungiéndolo como rey.

Las personas que observaban, tocaron las trompetas y gritaron: "¡Viva el rey Salomón!"

El príncipe Adonías escuchó también los gritos de alegría. Aunque estaba asustado, Salomón dijo:

—No mataré a Adonías, si promete no pelear contra mí.

Así fue que Adonías vino y se postró ante el nuevo rey. Su conspiración se deshizo.

El sueño de Salomón

Poco tiempo después, David murió de vejez y Salomón tuvo que gobernar. Él trataba de hacer lo que Dios quería y con frecuencia oraba pidiéndole ayuda. Una noche Dios le habló en sueños:

—¿Qué te gustaría que te diera?

—Tú siempre fuiste misericordioso con mi padre David —contestó Salomón—. Él te sirvió con honestidad y te amó con todo su corazón. Tú has sido misericordioso conmigo también, Señor, y me hiciste rey, pero aún soy muy joven. Nunca he dirigido al ejército en batallas como mi padre y me has puesto sobre todo Israel. Me siento como un niño y no sé cómo gobernar. Por ello Señor, hazme lo suficientemente sabio para juzgar entre lo bueno y lo malo, de modo que pueda gobernar bien a tu pueblo.

—Has escogido bien —dijo Dios—. Podías haberme pedido riquezas y poder para ti, pero deseas ayudar a los demás. Ahora yo te daré más de lo que pides. Serás el rey más sabio de todos los reyes y te daré riquezas y glorias, pero debes obedecer mis leyes como David tu padre.

Salomón se despertó. Creyó que su sueño era verdad y ofreció sacrificios para agradecer a Dios. Después hizo una gran fiesta para celebrar la promesa de Dios.

Un problema para Salomón

Muy pronto, Salomón fue tan famoso por su sabiduría, que la gente traía sus problemas ante él.

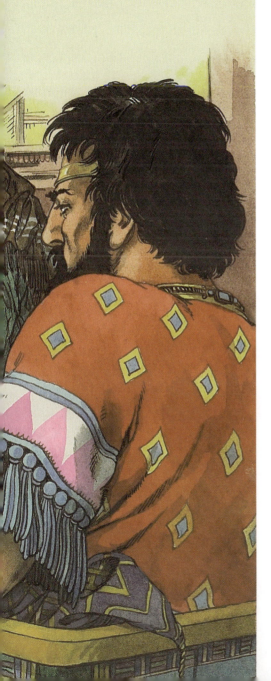

Un día, dos mujeres llegaron al palacio. Una llevaba un bebé y ambas parecían muy disgustadas.

—Su Majestad, esta mujer y yo vivimos en la misma casa. Ambas tuvimos bebés con tres días apenas de diferencia. La otra noche el bebé de esta mujer murió. Ella se levantó mientras yo dormía, tomó a mi bebé y en su lugar puso al bebé muerto —explicó una de ellas.

—No, el que murió fue el tuyo — dijo la otra mujer.

Así siguieron discutiendo delante del rey. ¿Cómo podía descubrir Salomón cuál de aquellas mujeres decía la verdad?

—Tráiganme una espada —ordenó Salomón—. Ahora, escuchen: Voy a cortar al bebé en dos y cada una de ustedes podrá quedarse con una mitad.

—Está bien —asintió la segunda mujer, pero la primera se echó a llorar.

—Oh no, Majestad, no mate al niño. Déselo a ella.

Salomón sonrió.

—Ahora sé quién es la verdadera madre —dijo él—. Es la que quería que su bebé viviera, aunque tuviera que dárselo a la otra. Toma, regresa a casa con tu bebé. Sé que siempre serás una buena madre.

Las dos mujeres regresaron a casa y todo el mundo alabó a Salomón por haber resuelto aquella disputa.

La construcción del templo de Dios

Salomón había gobernado durante cuatro años, cuando comenzó en Jerusalén la edificación de un bello edificio. Este sería el templo donde todos vendrían a adorar a Dios.

"Las mejores cosas que existen deben ser para el templo de Dios —pensó Salomón—. Debemos tener piedras blancas, maderas talladas y metales preciosos. Mis hombres saben cómo conseguir las piedras y trabajar el oro, pero ninguno en Israel es hábil en verdad para tallar madera.

Necesitaremos ayuda".

Entonces Salomón escribió al amigo de su padre, el rey Hiram de

Tiro, cuyos hombres eran expertos leñadores. El rey Hiram estaba muy contento de ayudar. Él era el dueño de los bosques del Líbano, donde crecían cedros enormes y le ofreció a Salomón toda la madera que necesitara.

—Mis hombres escogerán los árboles y los cortarán para ti —escribió a Salomón—. Después los enviaré en balsas por mar hasta la costa de Israel para que tus hombres los recojan. Te pediré a cambio, que proveas alimentos a mis hombres.

Salomón estuvo de acuerdo con gusto y el trabajo comenzó.

Mientras los hombres de Hiram trabajaban en los bosques del Líbano, otros miles de todos los lugares de Israel fueron ubicados para trabajar en las canteras y cortar bloques de piedra caliza. Se utilizaron yuntas de bueyes para trasladarlas, y la construcción comenzó.

Justo en la mitad del templo, los constructores hicieron una pequeña habitación oscura, sin ventana y la cubrieron con oro. Era para conservar su más valioso tesoro: el arca santa que contenía las tablas de piedra talladas donde fueron escritas las promesas y las leyes de Dios para Israel.

En la parte exterior del templo había un patio donde todos se reunían para adorar a Dios.

Allí construyeron dos grandes columnas de bronce decoradas en forma de lirios. Les dieron los nombres de Jaquín y Boaz. También hicieron una amplia fuente de bronce con la misma forma, colocada sobre los brillantes lomos de doce toros de bronce.

Al fin, toda la obra terminó. "Duró siete años concluirla, pero valió la pena" —pensó Salomón. Y envió una invitación a todos los líderes de Israel para que vinieran a Jerusalén a una ceremonia especial y trajeran el arca del pacto a su nuevo santuario dentro del templo.

Ellos llegaron al patio y ofrendaron miles de sacrificios como agradecimiento especial a Dios.

Los sacerdotes trasladaron el arca al santuario de oro en el corazón del templo. De repente, una luz mucho más brillante que el resplandor del sol llenó todo el templo.

Era como si Dios hubiera entrado al pequeño y especial santuario que habían separado para Él. Salomón extendió los brazos al cielo.

—Oh Dios, tú que hiciste el sol y lo pusiste en el cielo, me has permitido edificar este templo dedicado a ti, en el que puedas vivir entre nosotros para siempre. Cuando la gente clame a ti en este lugar, óyelos desde los cielos donde moras y perdónalos por todo el mal que hayan hecho.

La visita de la reina de Sabá

La fama de la sabiduría y las riquezas de Salomón se conoció por todas partes. En la soleada tierra de Sabá, su reina oyó los comentarios sobre Salomón y decidió visitarlo. Ella viajó a Jerusalén sobre un camello y la acompañaron cargados de oro, joyas preciosas, así como magníficas especias, por las que Sabá era famosa.

—Estos presentes son para ti —le dijo la reina a Salomón—. Ahora, déjame hacerte algunas preguntas.

—Dime todo lo que tengas en tu mente —dijo Salomón. Y para regocijo de la reina, le contestó cada una de las preguntas que la habían afligido.

Quizá él le dijo los proverbios por los cuales se hizo famoso. He aquí algunos de ellos:

"Una comida escasa compartida con personas que te aman, es mucho mejor que una espléndida cena si es servida con odio.

"Escucha a tus padres porque tú no existirías sin ellos.

"Recuerda además, que el hijo sabio trae felicidad a sus padres.

"Si tú en realidad quieres ser sabio, obedece a Dios y aprende sus caminos."

Después, Salomón le enseñó a la reina el templo y todas sus posesiones. Ella vio los pavos reales en el jardín, las uvas y las copas de oro en su mesa, las alhajas y las bellísimas ropas con las que él se vestía.

—¡No tenía idea de que fueras tan sabio y rico, Salomón! ¡Me has dejado asombrada! Doy gracias a Dios porque le ha dado a Israel un rey sabio.

Salomón sonrió. Ordenó que los camellos de la reina regresaran aun con más regalos de los que habían traído y la reina se marchó, todavía asombrada y muy emocionada, por todo lo había oído y visto.

El poder y las riquezas de Salomón

Salomón se volvió aun más poderoso. Flotas de barcos atravesaban el mar, cargando tesoros para él.

"Ningún rey de Israel ha tenido antes, una flota naval —pensó Salomón con orgullo—. Mis barcos traen comercio y me hacen aun más rico. Los observo navegar y regresan otra vez a casa hasta tres años después. Vienen cargados de oro y marfil".

"Los pavos reales extienden sus colas y chillan, mientras se pavonean por la cubierta; los monos divierten a los marineros con sus payasadas" —añadió sonriendo pues a él también le gustaba observarlos.

Él no pensaba en los hombres que dejaban sus familias durante tres años y más para traerle su oro, ni en aquellos que jamás regresaban de corrientes peligrosas y olas tempestuosas.

El rey David, padre de Salomón, se había escondido en cuevas y había comido lo mismo que sus criados. Salomón, en cambio, comía

deliciosos manjares en platos de oro y dormía en un palacio de lujo. Los esclavos y siervos mantenían sus carrozas en buen estado y cuidaban de sus caballos en amplios establos, que él había construido.

Incluso los israelitas que no eran criados de Salomón, tenían que trabajar para él. Estaban obligados a dejar sus propios trabajos, siembras, familias y laborar en la construcción que Salomón había ordenado. Cada tres meses trabajaban por un mes, sin recibir salario.

Solo los hombres de Judá, la propia tribu de Salomón, no estaban obligados a trabajar para el rey. El pueblo comenzó a quejarse.

—Nos hace trabajar como esclavos en la propia tierra que Dios nos entregó —murmuran—. También se ha casado con mujeres extranjeras. Dios nos dijo que no hiciéramos eso, pues comenzaríamos a adorar sus dioses. Eso es exactamente lo que Salomón está haciendo.

Salomón se había casado con princesas extranjeras para que sus padres no pelearan contra él. Sus esposas comenzaron a construir altares para sus dioses y muy pronto el rey fue tentado a adorar los ídolos extranjeros también.

Dios estaba enojado con Salomón.

Él le advirtió que cesara de orar a los dioses y diosas que sus esposas adoraban, pero Salomón no obedeció.

El reino dividido

Dios estaba muy enojado con Salomón porque le desobedeció. Por último le dijo:

—Has roto la promesa que me hiciste y desobedeciste mis mandamientos. Quitaré tu reino de ti, pero no en tus días, sino en los de tu hijo. No quitaré todo el reino, por el amor que le tuve a tu padre que fue fiel a mí. Por amor a Jerusalén, convertida en mi propia ciudad, la tribu de Judá permanecerá en ella. Las otras tribus quedarán fuera del reino de tu hijo y serán gobernadas por uno de tus criados, un hombre de tu confianza.

Y todo ocurrió como Dios dijo.

En una ocasión, Salomón notó que un hombre llamado Jeroboam

había trabajado mucho reparando las murallas que rodeaban el lado este de Jerusalén. Él lo puso a cargo de dos tribus que estaban obligadas a trabajar para el rey, Jeroboam se esforzó mucho en su nuevo trabajo.

Un día él tuvo que dejar Jerusalén. Mientras viajaba por un camino largo y solitario se encontró con un hombre santo llamado Ahías que llevaba una capa fina y nueva. De repente, él se quitó la capa y la rompió en doce pedazos. Entregó diez de ellos a Jeroboam.

—Así como yo he roto esta capa, Dios dividirá el reino de

Salomón. El hijo de Salomón solo reinará sobre una tribu y tú, Jeroboam, gobernarás el resto.

Cuando Salomón supo lo que Ahías había dicho, intentó matar a Jeroboam, pero este escapó a Egipto.

Pocos años después, Salomón murió y su hijo se convirtió en rey.

Las diez tribus que habían trabajado tan duro para Salomón esperaban que su hijo los tratara mejor.

Sus líderes fueron a ver al rey para pedirle que los gobernara con justicia y no los esclavizara como lo había hecho Salomón. Jeroboam regresó de Egipto y se unió a ellos para presentarse ante el rey.

Al principio, el nuevo rey no sabía qué decir. Algunos de sus consejeros le dijeron que hiciera lo que el pueblo pedía y otros le sugirieron que los tratara con más dureza, por si se rebelaban contra él. Por último, decidió ser severo y respondió a los líderes:

—Escuchen, mi padre los hizo trabajar duro, pero yo los haré trabajar más aun. ¡Él tuvo que azotarlos como esclavos y yo los castigaré aun con más rigor!

—Entonces no queremos tenerte como rey. Tú puedes extraer tu propio cobre y cavar tus canteras. ¡Nos vamos a casa! —gritó la gente.

El hijo de Salomón tuvo que escapar enseguida a Jerusalén o la gente lo habría matado; solo dos tribus permanecieron leales a él. Las diez tribus cuyos líderes habían sido tratados con tanta crueldad hicieron rey a Jeroboam. El país quedó dividido en dos.

ELÍAS Y ELISEO
Elías advierte al rey Acab

Jeroboam gobernaba la tribus del norte. Él quería estar seguro de que su pueblo no regresaría a Jerusalén a adorar a Dios en el templo, por si decidían unir el reino de Judá otra vez. Por ello, levantó dos estatuas de oro en su propio territorio.

—Ahora ustedes pueden adorar a sus dioses aquí en Israel —dijo a su pueblo—. No necesitan ir a Jerusalén nunca más.

Después de la muerte de Jeroboam, un rey malo sucedió al otro y las cosas fueron de mal en peor en Israel. Por último, durante el gobierno de un rey llamado Acab, parecía que en todo el reino nadie más volvería a amar a Dios. Al menos así pensaba con tristeza un hombre. Se llamaba Elías, él intentaba servir a Dios con fidelidad y adorarlo como era debido. Anhelaba que su país tuviera un buen rey que obedeciera a Dios.

"El rey Acab no obedece a Dios —pensaba él—. Incluso ha construido un templo para Baal, el dios extranjero que su esposa Jezabel adora. ¡Ahora todos vienen a adorar aquí! ¡Como si una estatua pudiera ayudarles! ¡Solo Dios puede hacerlo! ¡Le diré al rey Acab que debe rectificar sus sendas!"

Descalzo, vestido con pieles ásperas y con una expresión severa en el rostro, Elías se encaminó hacia la colina.

Nubes grises ocultaban el sol. La temporada de lluvia estaba a punto de empezar.

Elías anduvo todo el camino hacia el lujoso palacio del rey Acab, de lindísimos muebles tallados y pisos de marfil.

El rey y la reina lo miraron sorprendidos cuando entró de repente en su habitación. Elías le habló al rey con voz de trueno.

—He oído que intentas matar a todo el que no quiera adorar a Baal, el dios de tu esposa. Yo aún sirvo a Dios y voy a decirte que Dios, no Baal, está en control de todo. ¡Y como prueba de lo que digo, no caerá más lluvia, ni siquiera una gota de rocío hasta que Dios lo disponga!

Dio media vuelta y se alejó, con sus pies descalzos sobre aquel hermoso piso. El rey y la reina, enfurecidos, lo vieron alejarse. Y decidieron matarlo, pero Elías fue a esconderse con rapidez.

Dios le dijo a Elías que fuera a un valle cercano al río Jordán donde estaría a salvo. Un arroyo llamado Querit, corría a través del mismo. Tendría así, agua abundante. También necesitaba comida y no crecía nada en las desnudas colinas que estaban a su alrededor.

—Enviaré cuervos con comida para ti —dijo Dios.

Todos los días, por la mañana y por la tarde, los cuervos volaban al valle, llevando en sus picos pan y carne para Elías. Él siempre tenía suficiente para comer. Pero poco tiempo después el arroyuelo comenzó a secarse porque no había llovido en la zona, tal como Elías había dicho. Pronto solo hubo un hilo de agua y por último se secó del todo.

"Ahora tal vez el rey crea en Dios y deje de adorar a Baal —pensó Elías—. Pero yo voy a morir aquí sin nada que beber".

—Deja el valle —dijo Dios—. Ve a la costa. Encontrarás allí una nueva amiga que cuidará de ti.

Elías encuentra a una mujer pobre

Fue un largo viaje. La tierra era tan árida y seca que todos los cultivos se habían marchitado. Elías sentía hambre y sed cuando por fin, llegó a una pequeña villa cerca del mar.

Una mujer pobre se acercó recogiendo leña.

—Por favor, ¿podrías traerme

un vaso de agua? —preguntó Elías. Cuando la mujer fue por el agua, él le suplicó—:

¿Podrías traerme también un pedazo de pan? Tengo mucha hambre.

La mujer se detuvo. Ella estaba vestida con tanta pobreza como Elías y él pudo percibir que hacía mucho tiempo que ella no probaba un bocado apropiado.

—No tengo ni una pizca de comida en casa —dijo ella—. Es la verdad. Todo lo que tengo es un puñado de harina en el fondo de una tinaja y un poco de aceite. Estoy recogiendo leña para encender el horno y cocinar un pedazo de pan para mi hijito y para mí. Eso es todo lo que tenemos para comer y después morirnos de hambre.

—No temas —dijo Elías—. Ve y haz tu pan, pero antes hazme una pequeña torta para mí primero, por favor. Dios cuidará de ti y de tu hijo hasta que comience a llover y siempre tendrás harina en tu tinaja y aceite en tu vasija.

La mujer corrió apurada a la casa. Pronto regresó a Elías.

—¡Aquí tiene su torta, señor! ¡Es verdad lo que dijo! Mi tinaja está llena de harina. Venga y quédese en nuestra casa.

Elías se quedó en la casa de la mujer y siempre había suficiente para que los tres comieran, aun sin haber llovido todavía.

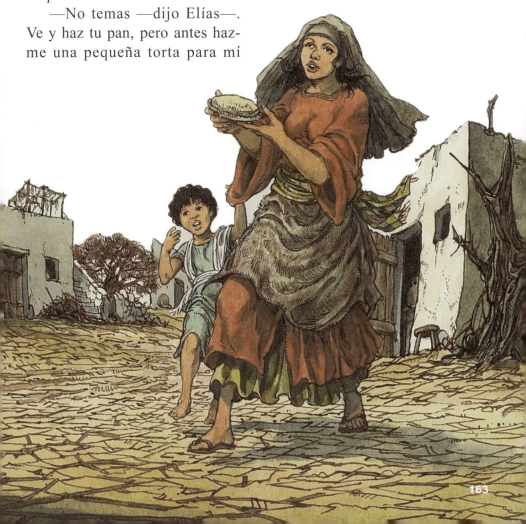

Encuentro en el monte Carmelo

Pasaron tres años antes que Dios dijera a Elías:

—Ve y di al rey Acab que haré que llueva.

Elías le dijo a Acab que ordenara reunirse a todos los sacerdotes de Baal y a todo el pueblo en una montaña llamada Monte Carmelo.

—Tendremos un encuentro para ver quién es el Dios verdadero —dijo Elías a los sacerdotes.

En cuanto todos llegaron, Elías les dijo que levantaran un altar a Baal.

Así lo hicieron. Apilaron leña, cortaron un buey y lo pusieron encima para quemarlo como ofrenda a su dios.

—Esperen un minuto. No enciendan el fuego todavía —dijo Elías—. Clamen a Baal. ¡Si él es dios verdadero enviará fuego para quemar al buey!

Todo el día los sacerdotes y el pueblo clamaron a Baal, pero ni una chispa cayó del cielo para encender

su fuego. Elías los observaba y se burlaba de ellos.

—Griten más fuerte —les decía—. Tal vez se ha ido de viaje o esté durmiendo, —por último, les dijo que callaran—. Es mi turno, para levantar mi altar —dijo él—. Pero quiero que derramen agua sobre mi leña hasta que esté bien húmeda. Entonces veremos quién es más poderoso, Dios o Baal.

Entonces Elías clamó a Dios:

—Señor, prueba ahora que eres en verdad el Dios de Israel. Responde mi oración para que todos crean en ti.

De repente, la madera mojada sobre el altar de Elías comenzó a encenderse. Una llama brilló. La madera crujió cuando el fuego resplandeció. Incluso las piedras se quemaron. Todo el mundo se postró en la tierra exclamando: —El Señor en verdad es Dios.

Entonces mataron a los sacerdotes que los habían llevado a adorar a Baal y Elías se volvió al rey.

—Ve y come ahora, rey Acab.

Puedo escuchar el rugido y el estruendo de una gran lluvia.

Pero el cielo todavía estaba azul y no se veía ni una sola nube. El rey Acab se sentó y cenó, mientras el pueblo se dispersaba hacia sus casas. Elías subió a la cima del Monte Carmelo, llevando un criado con él. Se arrodilló y oró con su cabeza inclinada sobre la tierra.

—Ahora echa una mirada al mar —pidió a su sirviente.

El sirviente miró hacia el horizonte.

—No hay ni una nube en el cielo —dijo.

—Mira otra vez —pidió Elías—. Mira siete veces.

A la séptima, el criado gritó:

—Hay una nubecita no mayor que mi mano que sube del mar.

—Entonces corre y dile a Acab que huya antes que la lluvia lo empape —ordenó Elías.

El cielo se oscureció y el viento sopló sobre las cumbres de las montañas, empujando las nubes del temporal a través del cielo. Unas cuantas gotas de lluvia salpicaron la tierra. El rey saltó a su carruaje. Apresuró a los caballos lo más que pudo, pero en ese momento Dios le dio a Elías tal

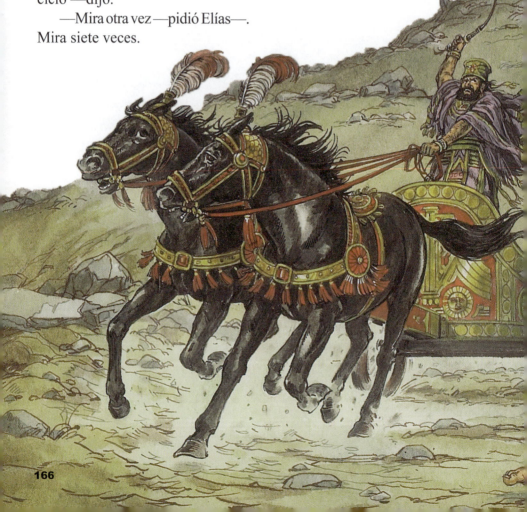

energía que descendió de la montaña más rápido que la carroza y corrió bajo el aguacero delante del rey.

Cuando la reina supo que Elías había matado a todos los sacerdotes que servían a Baal se puso muy furiosa y le envió un mensaje:

—A esta misma hora, mañana serás hombre muerto.

Dios habla a Elías

Elías temió por su vida y corrió al desierto. Por último, se escondió bajo un árbol.

Estaba tan cansado y hambriento, que olvidó que Dios le había dado una gran victoria sobre los sacerdotes de Baal.

—No puedo continuar —gimió—. Déjame morir Señor.

Estaba tan cansado que se quedó dormido.

De repente, sintió que alguien lo tocaba y se levantó alarmado. Un ángel estaba de pie frente a él.

—Levántate y toma algo para comer, Elías —dijo el ángel.

Elías olfateó. Había un delicioso olor en el aire. Una torta cocida sobre brasas y un vaso de agua estaban a su lado. Elías comió un poco y volvió a dormirse. El ángel lo despertó otra vez.

—Come y bebe Elías. Tienes un largo viaje por delante y necesitas alimentarte.

Elías terminó de comerse el pan y viajó a través del desierto. Le tomó cuarenta días más llegar al monte santo donde Dios, muchos años antes, había dado Su ley a Moisés y al pueblo.

Estaba llegando la noche y Elías se metió en una cueva. Allí Dios le habló:

—¿Qué haces aquí, Elías?

—Estoy afligido porque soy tu único seguidor fiel —dijo Elías—. Y ahora intentan matarme.

—Ve y sal fuera —le contestó Dios. Entonces Dios envió un viento poderoso sobre la montaña. Las rocas se desprendían y se desmoronaban. Era como si se rompiera la montaña. Elías buscó a Dios, pero Dios no estaba en la tormenta.

Entonces el viento cesó y detrás de él comenzó a temblar la tierra. Un terremoto hizo que la tierra se abriera y temblara debajo de los pies de Elías, pero Dios no estaba en el terremoto.

El temblor cesó. Las llamas se regaron entre las rocas y el fuego ardió por una larga franja de hierba seca. Elías protegió su cara del calor y el resplandor, pero no vio a Dios en el fuego.

Entonces todo se volvió muy apacible, delicado y Dios habló en la quietud. Elías cubrió su cara con su manto y salió de la cueva como Dios le había indicado.

—No pienses que eres el único en Israel que me sigue —llegó la voz de Dios—. Tengo otros siete mil fieles seguidores que no adoran a Baal. Yo puedo hacer que incluso los reyes realicen mis planes. Pero sé que te sientes muy solo Elías y voy a darte un amigo, un hombre llamado Eliseo. Ve y búscalo. Él te ayudará en este momento y continuará tu obra algún día, cuando te hayas ido.

Un nuevo ayudante para Elías

Elías fue en busca de Eliseo y lo encontró arando con once amigos. Cada hombre guiaba una yunta de bueyes sujeta a un arado de madera. Cuando Eliseo pasó, Elías le echó su manto por encima de los hombros.

Eliseo comprendió. Dejó el arado y corrió tras Elías.

—Seré tu ayudante, pero déjame ir a despedirme de mi familia —le pidió.

—Por supuesto —contestó Elías. Eliseo corrió otra vez a su arado, mató a sus bueyes y cortó en pedazos su yunta y su arado para hacer leña. Coció la carne y la compartió con su familia y amigos en un banquete de despedida. Entonces se fue con Elías.

Elías y Eliseo trabajaron juntos enseñando a la gente acerca de Dios, y el rey Acab y su esposa nunca pudieron detenerlos.

Por fin, Elías supo que llegó la hora en que Dios iba a llevárselo a su encuentro.

Él no dijo nada, pero Eliseo supo que algo extraordinario estaba a punto de ocurrir.

Los dos amigos caminaron hacia las orillas del río Jordán. Entonces Elías golpeó el agua fuerte con su manto y se abrió una senda para que ellos caminaran por ella.

—Pídeme una última cosa —dijo Elías.

—Te pido que una doble porción de tu poder me ayude a continuar tu obra —contestó Eliseo.

—Eso es muy difícil —dijo Elías—. Pero te será concedido si ves a Dios llevarme con Él.

Ellos continuaron caminando. De repente, un espléndido carro de fuego conducido por llameantes caballos los separó y Elías desapareció en un torbellino.

Eliseo vio como él desaparecía y lloró.

—¡Padre mío, los carros y jinetes de Israel!

Rasgó sus vestidos y lloró con profunda pena. Entonces vio el manto de Elías, que estaba sobre la tierra. Lo recogió y regresó al Jordán.

—Ayúdame Dios, como ayudaste a Elías —oró y golpeó las aguas del río con su manto.

El agua se apartó como antes y una multitud parada en la otra orilla del río vio a Eliseo cruzar en seco. Todos vinieron y se postraron ante él.

El hijo de una mujer rica regresa a la vida

Eliseo viajaba por el país con su criado Giezi. Había una mujer rica que lo invitaba a cenar cada vez que pasaba por su pueblo.

—Eliseo es un siervo de Dios —decía ella a su marido—. Vamos a construirle una habitación para que él pueda descansar cada vez que pase por aquí.

Eliseo estaba muy agradecido y deseaba hacer algo por ella, en recompensa.

—A ella le gustaría tener un hijo—le dijo Giezi—. Ella y su esposo no tienen hijos.

Entonces Eliseo le dijo que Dios les daría un hijo. Tuvo un varón y eso la llenó de felicidad.

Unos años después, el niñito fue a mirar a los segadores que trabajaban en los campos. El sol era muy fuerte. De repente, sujetó su cabeza con fuerza.

—Papá, ayúdame. Tengo un dolor de cabeza muy fuerte —lloró el niño.

Un criado lo llevó a la casa y allí murió en los brazos de su mamá. Entonces ella lo llevó a la habitación de Eliseo y lo acostó en su cama.

Después ensilló un asno y fue a buscar a Eliseo, que regresó de inmediato. Él fue a su habitación y cerró la puerta. Primero oró y después se tendió sobre el niño poniendo su cara contra la suya hasta que el frío cuerpecito entró en calor. De repente, el niño estornudó siete veces y abrió los ojos.

Su madre rebosaba de alegría y se postró a tierra agradeciendo a Eliseo. Después tomó a su hijo y salió a contarles a todos la buena noticia.

Eliseo ayudaba a las personas cada vez que podía y por confiar en Dios, a menudo hacía cosas maravillosas.

Eliseo y el guiso envenenado

En una ocasión, mientras Eliseo enseñaba a un grupo de personas muy pobres acerca de Dios, su criado Giezi comenzó a cocinar. Los alimentos escaseaban y ellos fueron a buscar hierbas y bayas para aumentar su estofado. Un hombre encontró una planta silvestre con frutas.

—No sé qué es esto, pero tiene muchas frutas que nos ayudarán a saciarnos —pensó.

Él recogió tantas frutas como pudo cargar, las cortó y las puso todas en la olla.

El fruto de la planta era venenoso.

—Moriremos si comemos esto —se lamentaron los hombres al probar el guiso y dijeron a Eliseo—: Está envenenado. ¿Qué podemos hacer? No hay nada más para comer.

—No se preocupen —dijo Eliseo. Tomó un poco de harina y la añadió al guiso—. Ahora se puede comer —les aseguró.

De esta forma, todos disfrutaron el resto de la cena y nadie sufrió daño alguno.

Naamán es sanado de lepra

Algún tiempo después, un famoso general del ejército del rey de Siria llegó a pedirle ayuda a Eliseo.

El general se llamaba Naamán. Él ganó una batalla contra Israel y entre sus prisioneros se encontraba una muchachita. Él la llevó a su casa para que sirviera a su esposa.

Un día, la esposa de Naamán le contó a la muchacha algunas cosas tristes.

—Naamán está enfermo, tiene lepra. Nadie puede mejorarlo y tendrá que irse lejos a vivir solo para evitar que alguien más se contagie.

—Desearía que regresara a Israel —dijo la sirvienta al instante—. Eliseo podría sanarlo. Estoy segura.

Entonces Naamán preguntó al rey de Siria, que si él podía regresar a Israel.

—Por supuesto —estuvo de acuerdo el rey.

—Enviaré una carta al rey de Israel. Ve directo a él. Le diré que él debe curarte.

Lleno de esperanza Naamán partió llevando plata, oro y finas telas para el responsable de su mejoría.

Pero el rey de Israel rasgó sus vestiduras, consternado al oír lo que Naamán quería.

—¡Esto debe ser una trampa! ¡El rey de Siria intenta comenzar una guerra! Es obvio que yo no puedo curar a nadie.

Sin embargo, Eliseo envió un mensaje al rey.

—Envíame a Naamán. Le mostraré que Dios aún está obrando en Israel.

Naamán se trasladó a la casa de Eliseo. Pero este ni siquiera fue a recibirlo, sino que envió a Giezi.

—Mi amo dice que debes ir al río Jordán, lavarte siete veces en él y te sanarás —dijo Giezi.

—¡He viajado tanto para que me digan que vaya y tome un baño en el río! Junto a mi casa hay dos ríos cristalinos. ¿Por qué no puedo lavarme allí en vez de en este río fangoso? —dijo Naamán furioso, y se marchó disgustado.

—Señor, por favor, haga lo que dice Eliseo. Después de todo, si él le hubiera pedido algo difícil, usted lo habría hecho al instante —le rogaron sus sirvientes.

Naamán aplacó su ira y descendió al río Jordán. Allí se zambulló

siete veces y se bañó. Al salir del agua, toda huella de la lepra había desaparecido y su piel estaba tersa y suave como la de un bebé.

Naamán regresó a darle las gracias a Eliseo y los regalos que él había traído, pero Eliseo no aceptó nada.

—Bueno, entonces déjeme decirle señor, que creo en su Dios ahora y que nunca más adoraré a otro —declaró Naamán.

Eliseo sonrió.

—Ve a casa en paz —dijo.

Naamán regresó a su casa para que su esposa, la muchacha sirvienta y Eliseo, continuaran sirviendo a Dios. Eliseo ayudó a muchas personas y les enseñó acerca de Dios, pero después de su muerte la gente olvidó lo aprendido.

No fueron atacados por enemigo alguno, poseían lujosas casas para vivir y una gran abundancia de alimento y bebida. Se sentían cómodos y no querían tener que pensar en Dios. Ellos quebrantaron sus leyes, se estafaban y mentían unos a otros.

Alrededor de setenta años después de la muerte de Eliseo, los poderosos ejércitos de Asiria comenzaron a atacarlos. El pueblo estaba tranquilo y holgazaneaba como consecuencia de su vida cómoda; eran demasiado orgullosos para reconocer que habían actuado mal y más para pedirle ayuda a Dios.

Los asirios conquistaron la ciudad con facilidad y tomaron al pueblo como prisioneros.

JEREMÍAS
El mensajero especial de Dios

Mientras todas aquellas cosas ocurrían al norte, el pequeño reino de Judá tenía sus propios problemas. Habían transcurrido más de doscientos años desde que el reino de Judá y el de Jeroboam rompieron relaciones. Buenos y malos reyes se habían sucedido unos a otros y por último, los asirios marcharon también contra Judá. Sin embargo, un rey bueno llamado Ezequías, gobernaba en esa época y, con la ayuda de Dios, fue capaz de salvar a su pueblo del enemigo. Después de su muerte un rey cruel ocupó el trono. Gobernó por muchos años y se volvió contra Dios. Levantó estatuas de otros dioses en Jerusalén e incluso sacrificó a su propio hijo como ofrenda a ellos.

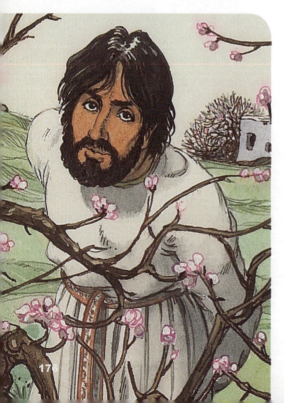

Poco después, muchas de las personas de Judá dejaron de adorar a Dios y comenzaron a adorar también a aquellos dioses falsos. El pueblo de Judá se estaba volviendo tan malo como Israel. Por último, Dios decidió enviarles un mensajero especial. Quería advertirles que regresaran a Él, antes que fuera demasiado tarde o los abandonaría como había hecho con el pueblo de Israel.

El hombre que Dios escogió para esta encomienda se llamaba Jeremías. Él vivía en una tranquila villa en el campo y era bastante joven cuando Dios le habló.

Jeremías escuchó la voz de Dios que le preguntaba:

—¿Qué ves, Jeremías?

—Veo una vara de almendro florecido antes de tiempo —contestó.

—Yo soy como esa vara de almendro, Jeremías —dijo Dios—. Y también me anticipo para advertir a mi pueblo. Me han desobedecido y quiero que les digas que regresen a mí. Recuérdales todo lo que he hecho por ellos y adviérteles que cesen de hacer lo malo o sus enemigos vendrán y los destruirán.

—Pero Señor, todavía soy muy joven —contestó Jeremías alarmado—. ¿Quién va a escucharme? estaba asustado en verdad.

—No temas —dijo Dios—. Yo te escogí para que fueras mi mensajero antes que nacieras. Yo iré contigo y te ayudaré. Hablarás mis palabras, no las tuyas.

Jeremías es motivo de burlas

Jeremías se despidió de su familia y amigos en la tranquila villa donde florecían los almendros y se marchó a Jerusalén. Salió del templo y se paró en los escalones para entregar el mensaje de Dios.

—Ustedes se han olvidado de Dios una y otra vez, pero aquellos dioses que adoran no los ayudarán cuando sus enemigos envíen poderosos ejércitos a luchar contra ustedes —les advirtió Jeremías.

Los que pasaban por allí solo se reían y se burlaban de él.

—Hacen muy mal en burlarse —contestaba Jeremías—. También están equivocados al escuchar a los falsos mensajeros que les dicen que todas las cosas saldrán bien y en paz. Yo puedo sentir la ira de Dios ardiendo dentro de mí y mi corazón está triste por ustedes. Deseo que hubiera alguna forma de ayudarlos. Estoy tan apenado que podría llorar día y noche. Poderosos ejércitos tomarán esta bella ciudad y ustedes serán llevados como prisioneros. Dios no los detendrá, porque ustedes no quieren volverse a Él.

A pesar de todo, la gente se reía y rechazaba escuchar las palabras de Jeremías. Entonces intentó mostrarles algo que los ayudaría a comprender. Fue al taller del alfarero donde este transformaba el barro en una arcilla para hacer platos, jarras y lámparas de aceite. El alfarero miró disgustado.

—Algo salió mal —exclamó—.

Miren, este trozo de arcilla en el torno ha perdido la forma —detuvo el torno, sacó la arcilla que había quedado mal y encontró una piedrecita adentro—. Ahora comenzaré otra vez —dijo—. Es importante que quede bien.

Una multitud de personas se había reunido para verlo trabajar.

—Dios es como el alfarero y

nosotros como la arcilla —dijo Jeremías—. Nuestra desobediencia es como esa piedra que estropeó la arcilla, Dios va a tener que sacarla, incluso si eso significa la destrucción de Jerusalén.

Pero todavía nadie creía en él. Jeremías intentaba mostrarles con más claridad lo que quería decirles. Un día compró una vasija grande de arcilla y la mostró a algunos de los líderes y sacerdotes.

—Vengan conmigo al espantoso valle justo en las afueras de Jerusalén, donde la gente ha estado ofreciendo sacrificios a los dioses extranjeros —les dijo.

Todos siguieron a Jeremías en dirección al valle. Él sostenía la vasija en alto sobre la cabeza.

—Miren hacia mí y escuchen bien lo que Dios dice —gritó—. Ustedes han desobedecido a Dios y adoran dioses extranjeros en este lugar. Han matado incluso a sus propios hijos y los han ofrecido aquí en sacrificio, como ofrendas a las estatuas que jamás oirán sus oraciones o los ayudarán. Y eso es algo que Dios nos ha dicho que jamás hagamos.

Bien, entonces Dios les advierte que los enemigos rodearán nuestra ciudad y nosotros moriremos de hambre dentro de nuestros propios muros.

¡Observen esto! —él lanzó al suelo la pesada vasija de arcilla. Esta crujió en la tierra y se rompió en pedazos—.

Jerusalén y todos sus habitantes serán como esta vasija rota —explicó Jeremías—.

Dios dejará que nuestros enemigos nos destruyan por completo.

Jeremías es arrestado

En ese momento, a los sacerdotes y otros líderes les hubiera gustado decir al pueblo que Jerusalén estaba segura y que jamás sería atacada. Odiaron a Jeremías por lo que decía y uno de los sacerdotes llamado Pasur, lo arrestó y dijo con mucha ira:

—Te voy a castigar por andar diciendo a todo el mundo que ejércitos muy poderosos nos van a destruir.

¡Qué clase de mensaje es este, traidor!

Él había golpeado a Jeremías. Lo encadenó fuera del templo para que todo el mundo lo viera. Tuvo que permanecer allí sobre el duro suelo toda la noche. Sus enemigos lo rodearon y se burlaron de él. Pensaron que Jeremías se tranquilizaría, pero nada podía detenerlo. Las palabras de Dios vibraban en sus labios y él tenía que decirlas. Tuvo incluso un mensaje especial para Pasur a la mañana siguiente, cuando este fue a ponerlo en libertad.

—Verás a tus amigos asesinados, Pasur —le advirtió—. Entonces recordarás el mensaje de Dios que ahora rehúsas creer. Verás como nuestros enemigos nos vencen en verdad. Ellos destruirán Jerusalén y tú, Pasur, serás capturado y alejado para siempre.

Pasur abrió sus cadenas en silencio y Jeremías se alejó dando traspiés.

—Oh Dios, tus palabras me queman por dentro como fuego

—gimió—. Tengo que decirlas, aunque nadie las crea.

Jeremías no renuncia

Por último, los sacerdotes le prohibieron a Jeremías ir al templo a

decir el mensaje de Dios, pero él había decidido que la gente tendría que escuchar las advertencias del Señor para que regresaran a Él. Entonces le pidió a su amigo Baruc que escribiera en largos pergaminos las palabras que iba a dictarle.

—Ahora tú puedes ir al templo y leer las palabras de Dios escritas en el pergamino —dijo Jeremías—. El pueblo oirá el mensaje de Dios, aun cuando no me permitan hablarles.

181

Entonces, Baruc fue al templo y comenzó a leer en voz alta el pergamino.

Los oficiales del rey lo escucharon al pasar y le preguntaron:

—¿Jeremías te pidió que lo escribieras?

—Sí, lo hizo —admitió Baruc y se apresuró a advertirle a Jeremías.

Los oficiales tomaron su pergamino y se lo llevaron al rey, que ordenó a uno de sus secretarios que se lo leyera. Las palabras del pergamino enfurecieron al rey porque, como los demás líderes, él rechazaba escuchar a Dios y se mantenía diciéndole al pueblo que su enemigo el rey de Babilonia no los vencería.

Así que agarró un cuchillo.

—Continúa leyendo —le dijo a su secretario. Cada vez que el hombre llegaba al final de una columna de la escritura, el rey acuchillaba el pergamino. Largas tiras del documento cayeron al piso y el rey las echaba en un pequeño fuego que ardía en la habitación a causa del invierno.

El rey declaró:

—¡Si el pueblo escuchara todo esto, se rendiría al enemigo! ¡Jeremías es un traidor!

Intentó arrestarlo, pero Jeremías se había puesto a salvo.

Jeremías no se daba por vencido.

—Las palabras de Dios son más fuertes que el rey —dijo—. Vamos Baruc, toma tu pluma y prepara la tinta porque escribiremos esas palabras una y otra vez. Dios nos ayudará a recordarlas.

Baruc escribió una vez más el mensaje de Dios. Algunos

comenzaron a creer en sus palabras, pero el rey y los demás líderes rehusaron escucharlos.

El sitio de Jerusalén

Después, el rey murió y su hijo ocupó el trono. Este era más sabio que su padre, y cuando el rey de Babilonia rodeó por fin a Jerusalén con sus ejércitos y atacó las fuertes murallas, entendió que no estaban bien preparados para luchar contra ellos. Así que se entregó y fue obligado a marchar a Babilonia en compañía de otros jefes, los mejores artesanos y la mayoría de los trabajadores más capacitados. El rey de Babilonia escogió otro rey llamado Sedequías, para que reinara sobre el pueblo que quedaba en Jerusalén, pero este era un hombre débil y tonto. Se mantuvo intentando rebelarse contra el rey de Babilonia. Jeremías sabía que estaba equivocado y que ponía en peligro al pueblo.

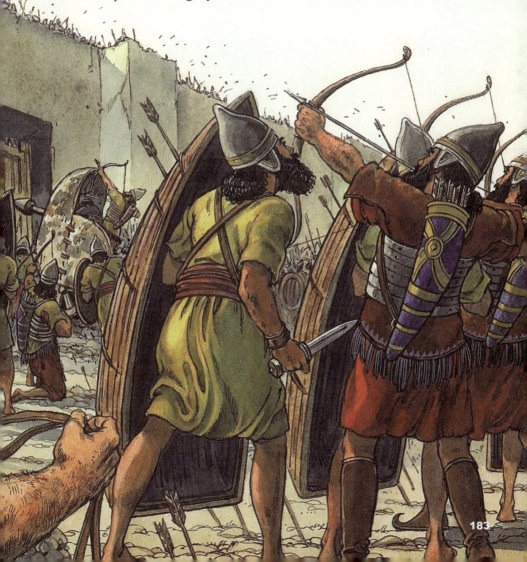

A veces, Dios hablaba a Jeremías por medio de visiones. En una oportunidad le mostró dos canastos de higos. Uno estaba lleno de higos buenos, pero en el otro solo había higos malos que no se podían comer.

Así que Dios le dijo:

—Jeremías, quiero que comprendas que todos los que se entregan al rey de Babilonia y se ven obligados a marchar allá son como los higos buenos de la canasta. No importa que se vayan lejos a un lugar extraño. Yo veré que sean tratados con justicia. Llenaré sus corazones con tanto deseo de mí, que se volverán a mí y me amarán. Pero el rey Sedequías, sus tontos consejeros y todos los que rehúsan escucharme y se han quedado en Jerusalén, son como los higos malos. Un día, serán destruidos por sus enemigos, precisamente por ser como esos higos malos, buenos solo para echarlos a la basura y ser destruidos.

Por supuesto, en cuanto el rey Sedequías intentó rebelarse contra los babilonios, estos regresaron y sitiaron a Jerusalén, tal como advirtió Jeremías. Nadie podía entrar ni salir de la ciudad. Un día los babilonios escucharon que los egipcios marchaban a pelear contra ellos. Dejaron Jerusalén y atacaron al ejército egipcio. Por un breve tiempo, los judíos fueron libres otra vez para moverse dentro y fuera de la ciudad.

En ese tiempo Jeremías decidió visitar la pequeña villa donde había pasado su infancia. Se preparó para dejar la ciudad. Esa era la oportunidad que sus enemigos estaban esperando. Ellos vigilaban y cuando él llegó a las puertas de la ciudad lo arrestaron.

—Tú no eres más que un espía —lo acusaron—. Mira, te hemos sorprendido cuando salías a reunirte con nuestros enemigos.

Jeremías en el calabozo

Así apresaron a Jeremías y lo encerraron en un calabozo con llave, bajo tierra donde permaneció por largo tiempo. Pero en ese período, el ejército de los babilonios regresó y el rey Sedequías estaba asustado. Él hizo traer a Jeremías para preguntarle si Dios tenía algún mensaje que pudiera ayudarle.

—El mensaje es el mismo de siempre —dijo Jeremías—. Ya sabe que Dios quiere que regrese a Él y esté de acuerdo en servir al rey de Babilonia, cuyos ejércitos son demasiado poderosos para que nosotros peleemos contra ellos. Ahora por favor, Su Majestad, escúcheme. ¿Qué crimen he cometido para estar encerrado en esta forma? Siempre he dicho la verdad y voy a morir si regreso al calabozo bajo tierra.

El rey Sedequías no escuchó el mensaje de Jeremías, pero lo dejó salir de la prisión. Ahora se mantenía encadenado en el patio del palacio.

Aun allí, Jeremías continuó diciéndoles a todos que escucharan a Dios.

—Si persisten en pelear contra los ejércitos de Babilonia pasarán hambre y morirán —les advertía—. Ellos no nos van a dejar en la ciudad.

Además, solo es cuestión de tiempo antes que nos capturen.

Pasur el sacerdote, antiguo enemigo de Jeremías, lo escuchó por accidente.

—Haz que Jeremías muera —rogó al rey Sedequías—. Él hace que todos se asusten aun más con sus mensajes.

¡Debes impedir que hable!

—Adelante entonces, haz lo que consideres mejor —dijo el rey sin una firme convicción.

Pasur y algunos otros ataron una soga alrededor de Jeremías y lo bajaron a un profundo hoyo, que en otra ocasión fue usado como pozo, pero se secó y solo había lodo. Jeremías se hundió en el lodo. Él sabía que moriría allí sin alimentos ni agua, pero no se desesperó porque aún confiaba en Dios. Y en efecto, Dios lo rescataría.

Uno de los oficiales del rey escuchó lo ocurrido y enseguida fue ante el rey. Su nombre era Ebed-Melec y había venido de Etiopía, en África. Él pidió permiso para rescatar a Jeremías y Sedequías se lo permitió. Ebed-Melec buscó varias sogas fuertes y se dirigió rápido al pozo.

Una vez en el lugar, dio voces:

—¡Jeremías! ¡Ata esta soga alrededor de ti! Aquí hay algunos trapos. Ponlos debajo de tus axilas para que las sogas no te hagan daño.

¿Listo? ¡Bien! Empujaré tan fuerte como pueda.

Despacio, poco a poco, fue sacando a Jeremías del pozo a la luz del día. Después de eso, Jeremías permaneció otra vez en el patio del palacio y aunque los sacerdotes esperaban que hubiera aprendido su lección, continuó intentando persuadir a todos para que creyeran en las palabras de Dios.

Jeremías compra un campo

Un día, Jeremías hizo algo extraño. Aunque estaba atrapado en Jerusalén compró un campo cerca de su antigua villa. Una multitud se reunió en el patio del palacio para observar cómo firmaba dos trozos de pergaminos y probar que ahora el campo era de su propiedad. Él puso los pergaminos dentro de una vasija de arcilla.

—Ahora escuchen todos —dijo—. Las murallas de Jerusalén pronto serán derribadas. Los babilonios vendrán y quemarán las casas donde se ha estado adorando estatuas en vez de a Dios.

Destruirán la ciudad. Entonces

¿por qué creen que estoy comprando un campo cuando pronto todos seremos obligados a salir de aquí como prisioneros? Bueno, quiero que recuerden que un día Dios hará que aquellos que lo amen, sirvan con fidelidad y no adoren a otros dioses como ustedes han hecho, retornen a esta ciudad. Entonces será un tiempo de paz, felicidad y todo el mundo vivirá a salvo en sus propias casas y arando sus propios campos.

No transcurrió mucho tiempo, cuando las fuertes murallas de Jerusalén fueron derribadas y los ejércitos de Babilonia tomaron la ciudad. El rey Sedequías y sus soldados intentaron escapar, pero fueron capturados y llevados a Babilonia encadenados.

El último viaje de Jeremías

Jeremías quedó libre, pero decidió permanecer con la gente pobre o insignificante que no fueron considerados peligrosos y habían sido dejados atrás por los babilonios. Pero al final, esa gente también se rebeló contra los babilonios y el gobernador que el rey de Babilonia asignó para gobernar a Jerusalén, fue asesinado. Los responsables se asustaron y decidieron escapar hacia Egipto.

Sin embargo, antes que todo, decidieron pedirle consejo a Jeremías. Deseaban saber lo que Dios quería que hicieran. Jeremías les advirtió que no se fueran.

—Ustedes no escaparán del rey de Babilonia en Egipto —les dijo—. Permanezcan aquí y sirvan a Dios.

A pesar de solicitar el consejo de Jeremías rehusaron obedecerlo. Incluso, hicieron que Jeremías los acompañara. Así que dejó Jerusalén con tristeza, sabiendo que jamás volvería a ver su propia tierra. En Egipto, continuó insistiéndole al pueblo que regresara a Dios, hasta que al fin murió.

Las palabras de Jeremías le causaron problemas toda su vida. Siempre estuvo solo. Nunca se casó ni tuvo hijos y sus mensajes hicieron que las personas lo rechazaran. Sin embargo, nunca cesó de creer que Dios estaba con él, ayudándole y diciéndole lo que debía decir.

Al final, los mensajes de Jeremías comenzaron a ayudar a la gente a comprender lo mucho que Dios los amaba. Estos quedaron escritos y después de la muerte de Jeremías, cuando los judíos comenzaron a amar y a obedecer a Dios otra vez, volvieron a las palabras de Jeremías y empezaron al fin a comprenderlas.

DANIEL Y ESTER
Una dieta especial

El pueblo judío que había sido llevado de su tierra a Babilonia, regresó a Dios e intentaba seguir sus caminos, tal como Dios le dijo a Jeremías. No obstante, enfrentaban muchas dificultades en su nuevo país.

Cuando los judíos cautivos llegaron a Babilonia, el rey Nabucodonosor ordenó al funcionario que estaba a cargo de sus huéspedes que escogiera a algunos de los jóvenes prisioneros para servir en la corte.

—Enséñales nuestro idioma y entrénalos en nuestras costumbres—dijo—. Déjalos también comer de la mesa real.

El funcionario escogió a varios jóvenes, incluyendo uno de la nobleza, bien parecido, que se llamaba Daniel y a sus tres amigos Sadrac, Mesac y Abednego.

Al principio, Daniel y sus amigos estuvieron complacidos, pero hubo un problema.

—No podemos comer la comida de los babilonios —dijo Daniel al funcionario—. El Dios que servimos, nos ha dado instrucciones acerca de la clase de alimentos que podemos comer. Romperíamos las reglas si comiéramos los alimentos de aquí.

El funcionario se alarmó. —Si ustedes adelgazan o se enferman mandarán a cortar mi cabeza.

Entonces Daniel pidió a uno de los guardias que lo ayudara.

—Puedes hacernos una prueba—dijo Daniel con audacia—. Danos vegetales y agua por diez días y entonces verás si estamos en forma o no.

El guardia estuvo de acuerdo. Diez días después, los cuatro jóvenes tenían mejor aspecto y estaban más saludables que los demás que habían comido la comida del rey.

—Está bien, pueden continuar su dieta —les dijo el guardia. Dios había ayudado a Daniel y a sus amigos a obedecerlo.

191

El sueño de Nabucodonosor

Al poco tiempo, Nabucodonosor tuvo un sueño que lo preocupó tanto que ordenó a sus magos que le dijeran el significado del mismo, pero se negó a contarles lo que había soñado.

—Esperaba que ustedes, como magos, explicaran mi sueño sin necesidad de saber de qué trata —les dijo.

—Eso es imposible —balbucearon los magos.

—Entonces los mandaré a matar a todos, incluso a Daniel y a sus amigos —dijo el rey.

Cuando Daniel escuchó la noticia corrió a contárselo a sus amigos.

—Oremos para que Dios nos revele el significado del sueño del rey —sugirió.

Esa misma noche, Dios le mostró a Daniel cuál había sido el sueño y su significado. Daniel se apresuró a ir al rey.

—Dios me ha mostrado todo lo relacionado con su sueño —le dijo a Nabucodonosor—. Usted vio una estatua gigantesca de oro y plata que resplandecía. Mientras la observaba, una piedra cayó en ella y la rompió en pedazos. Entonces la piedra creció y se hizo un gran monte que cubrió toda la tierra. El sueño significa que, aunque los reyes humanos puedan llegar a ser tan poderosos como la estatua, Dios lo es aun más. Un día él enviará a su propio rey a establecer un reino que no tendrá fin.

Nabucodonosor estaba muy impresionado.

—Tu Dios es más poderoso que cualquier otro —dijo—. Voy a ponerte a cargo de todos mis consejeros.

En el horno

Algún tiempo después, Nabucodonosor levantó una estatua enorme de oro para que todos la adoraran.

—Cada vez que escuchen a los músicos tocar sus instrumentos: trompeta, flauta, arpa, pandero, cítara o cualquier otro, deben arrodillarse ante la estatua y adorarla —ordenó el rey—. Cualquiera que rehúse hacerlo será echado en un horno ardiendo.

Todos los babilonios hicieron lo que el rey ordenó, excepto los amigos de Daniel: Sadrac, Mesac y Abednego. Nabucodonosor los llamó ante él y demandó:

—¿Qué significa esto? Los echaré al horno ardiente si no adoran mi estatua. Ni siquiera el Dios de ustedes será capaz de salvarlos.

—Nosotros servimos al Dios verdadero, su Majestad —dijeron—. Es posible que Él nos

193

rescate, pero si no lo hiciera tampoco adoraremos su estatua.

—Calienten el horno siete veces más de lo acostumbrado —gritó el rey—. Aten a estos hombres y échenlos a las llamas.

La hoguera estaba tan caliente que quemó a los soldados que empujaron a Sadac, Mesac y Abednego dentro del horno.

Los tres amigos cayeron en el fuego.

De repente, Nabucodonosor dio un salto y gritó:

—¡Miren! ¿No lanzamos tres personas al horno? ¡Pues en este momento hay cuatro que están caminando sin quemarse en el mismo medio de las llamas y la cuarta es tan espléndida que debe ser un ángel!

Así que fue hasta la puerta del horno y llamó:

—¡Sadrac, Mesac, Abednego, salgan de ahí!

Los tres amigos salieron muy calmados del horno ardiente, ilesos. El fuego no les había quemado ni siquiera uno de sus cabellos y sus ropas no olían a quemado. Nabucodonosor declaró:

—¡Dios envió un ángel para salvarlos! Ustedes arriesgaron sus vidas antes que desobedecerlo. De ahora en adelante, nadie hablará sin respeto de ustedes o de su Dios.

Daniel y los leones

Pasaron muchos años. Nabucodonosor murió y un nuevo rey llamado Darío ocupó el trono. Así como Nabucodonosor, Darío decidió que Daniel, que ya era un anciano, estuviera a cargo de todos sus oficiales por ser muy honesto y digno de confianza. Eso hizo que los demás oficiales se pusieran celosos de Daniel y prepararan un plan para matarlo.

—Por favor, firma esta ley —pidieron a Darío.

La ley decretaba que durante un mes, nadie oraría a otro Dios excepto a Darío. Quien no lo hiciera sería arrojado al foso de los leones. Darío firmó la ley y los oficiales se fueron a espiar a Daniel.

—El rey no puede cambiar la ley ahora que él mismo ha firmado —murmuraron—. Tendremos que lanzar a Daniel al foso de los leones, porque ese hombre no adorará a nadie excepto a su Dios.

Estaban en lo cierto. Daniel todavía se arrodillaba junto a la ventana que daba a su país lejano y oraba allí a la vista de todos, tres veces al día tal y como era su costumbre.

Los oficiales no perdieron tiempo. Denunciaron a Daniel ante el rey, recordándole que no podía quebrantar su propia ley, aun cuando respetara a Daniel más que a sus otros consejeros. Daniel fue lanzado al foso de los leones. El rey selló la entrada. No había escapatoria posible.

—Solo tu Dios puede salvarte ahora —gritó el rey.

Estaba tan disgustado que no pudo dormir en toda la noche, solo pensaba en Daniel. En cuanto amaneció corrió al foso. Lleno de ansiedad llamó:

—¡Daniel! ¿Pudo tu Dios salvarte de los leones?

Para su regocijo escuchó la voz de Daniel:

—¡Larga vida a su Majestad! Dios envió su ángel y cerró las bocas de los leones. No me han hecho daño en lo absoluto. Al instante, el rey mandó sacar a Daniel del foso. Y además decretó:

—¡Ahora todos en mi vasto imperio deberán respetar al Dios de Daniel que hace tales maravillas!

Daniel permaneció fiel a Dios hasta el final de sus días.

Ester es nombrada reina

Transcurrieron muchos años. Daniel y los que habían llegado a Babilonia con él como prisioneros murieron, pero sus hijos y nietos aún vivían allí.

Entre ellos se encontraba una muchacha judía llamada Ester. Era huérfana y vivía con su primo Mardoqueo, que la había criado.

En esa época, el rey de Babilonia se llamaba Asuero. Un día, él decidió que quería una nueva reina. Ordenó que las más bellas jovencitas del reino vinieran a su palacio en Susa, para escoger la mejor como esposa. Ester era muy bella y fue llevada al palacio con las demás doncellas. Mardoqueo le aconsejó que no le contara a nadie que era judía. Durante todo un año, Ester y las demás jovencitas ocuparon las habitaciones del palacio y se les aplicó un tratamiento especial de belleza, antes de ser vistas por el rey. Nadie en palacio sabía que Ester era judía ni que Mardoqueo era su primo.

Cuando llegó su turno de presentarse ante el rey, Ester se veía tan hermosa que Asuero se enamoró de ella al instante y exclamó:

—¡Tú eres la esposa que yo buscaba! ¡Serás mi reina!

Así que colocó la corona real en la cabeza de Ester y esa noche celebró una gran fiesta en su honor. Todos los habitantes del reino tuvieron un día de celebración para festejar la boda.

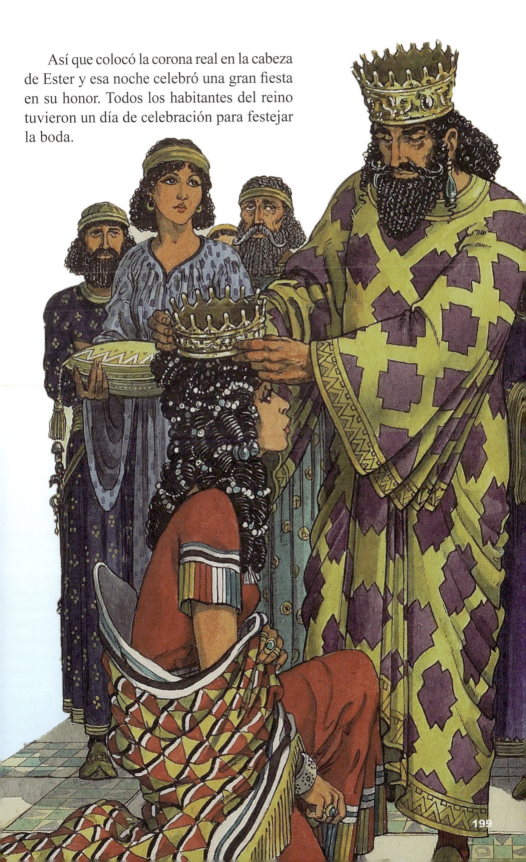

Conspiración en el palacio

Mardoqueo trabajaba en el palacio. No obstante, nadie sabía que era primo de la reina. Un día, escuchó sin querer que dos guardias conspiraban para matar al rey.

Él pensó que debía contárselo a Ester para que advirtiera al rey. Cuando ella escuchó la historia de Mardoqueo avisó con urgencia al rey. Este arrestó a los dos guardias y los mandó a la horca.

—Haré que todo esto sea escrito en el libro de sucesos del palacio —ordenó el rey—. Mardoqueo me ha salvado la vida.

Sin embargo, aunque se escribieron todos los detalles de lo ocurrido, nada se hizo para recompensar a Mardoqueo. El rey estaba escogiendo un nuevo primer ministro y todos estaban demasiado ocupados en eso como para recordar la acción de Mardoqueo.

El nuevo primer ministro se llamaba Amán. El rey Asuero estaba muy complacido con él. Ordenó a los demás oficiales que se postraran a tierra frente a Amán, cada vez que lo vieran. Solo Mardoqueo rehusó hacerlo.

—Soy judío —explicó a los demás oficiales—. Solo me postro a tierra para adorar a Dios.

Amán se puso tan furioso que fue ante el rey.

pedazos. Se vistió de saco y cubrió su cabeza con ceniza como señal de duelo. Entonces, comenzó a andar por las calles hacia el palacio con lágrimas corriendo por sus mejillas.

La reina Ester envió a un sirviente de confianza para hablar con Mardoqueo, y averiguar el motivo de su aflicción.

Mardoqueo le contó al sirviente lo que el rey había hecho, y añadió:

—Su Majestad, en su imperio existen unos llamados judíos, que rehúsan obedecer sus órdenes. Todos ellos deberían ser ejecutados.

El rey Asuero estuvo de acuerdo y envió mensajeros a través del imperio para anunciar que en un período de treinta días en ese mismo mes, todos los judíos: hombres, mujeres y niños, serían ejecutados. Cuando Mardoqueo escuchó las noticias rasgó sus vestiduras en

—Pídele a Ester que ruegue a Asuero por misericordia.

—Oh, eso no será nada fácil —exclamó Ester desanimada—.

Cualquiera que entre a las habitaciones del rey sin su permiso puede ser condenado a muerte. Hace un mes que el rey habló conmigo. Solo me queda una esperanza. Si el rey extiende su cetro de oro cuando me vea, sabré que siente compasión y podré hablar con él.

me envía a morir, bien, moriré.

Al tercer día Ester vistió sus ropas reales y fue a ver al rey. Esperó en el pasillo frente al trono y el rey la vio. Para alivio de Ester, al verla, él extendió su cetro de oro y preguntó mientras Ester lo tocaba:

—¿Qué puedo hacer por ti? Ester tenía un plan, por eso preguntó:

—¿Podrían venir tú y Amán a cenar conmigo esta noche?

El rey y Amán cenaron con ella esa noche, y después el rey le volvió a preguntar a Ester qué podía hacer por ella.

—Ven con Amán, cena conmigo mañana también y entonces te lo diré —contestó Ester.

Amán se sintió muy contento al recibir una segunda invitación por parte de la reina Ester, pero mientras dejaba el palacio vio a Mardoqueo y como era habitual, este no se inclinó ante él.

—¡Cuánto odio a ese hombre! ¡No disfrutaré mi poder hasta que él muera! —exclamó Amán.

Ester arriesga su vida

Con valentía, Ester decidió arriesgar su vida a favor de su pueblo. Envió una respuesta urgente a Mardoqueo.

—Reúne a todos los judíos en Susa y oren por mí en los próximos tres días. No coman ni beban nada. Solo oren; mis doncellas y yo haremos lo mismo. Entonces iré a ver al rey y si él

Mardoqueo es recompensado

Esa noche el rey Asuero no podía dormir, así que mientras esperaba el amanecer ordenó a un criado que le leyera los sucesos del palacio en voz alta. Cuando llegaron al reporte de la conspiración que Mardoqueo había descubierto, el rey Asuero recordó que nunca lo había recompensado por haberle salvado la vida. Entonces llamó a Amán y le dijo:

—Hay alguien a quien quiero recompensar. ¿Qué sugieres? Amán pensó que se refería a él y contestó: —Ordene que uno de sus príncipes más importantes vista al hombre con vestiduras reales y lo conduzca en un caballo a través de la ciudad, pregonando que así se hará al hombre que Su Majestad quiera honrar. El rey aprobó:

—¡Qué buena idea, Amán! Apúrate y viste a Mardoqueo con mis vestiduras reales y condúcelo por la ciudad —el furioso Amán tuvo que honrar a Mardoqueo en lugar de llevarlo a la horca.

El enemigo es descubierto

Esa tarde el rey y Amán cenaron con Ester otra vez y el rey le preguntó una vez más, qué podía hacer para que ella se sintiera feliz.

—Por favor, sálvame a mí y a mi pueblo, porque todos vamos a ser destruidos —dijo Ester.

—¿Quién va a destruirte a ti, reina Ester? —preguntó el rey Asuero.

—Amán es el enemigo de mi pueblo —contestó Ester, y por primera vez, le contó al rey que ella era judía.

—Amán ha construido una horca altísima para colgar a Mardoqueo, el judío que salvó la vida a Su Majestad—añadió uno de los sirvientes.

—Cuelguen a Amán en su propia horca —ordenó el rey.

Amán fue sacado de allí y ejecutado. Entonces Ester le contó al rey que Mardoqueo era su primo.

—Él puede venir a mi palacio y ser el segundo hombre en mi imperio —declaró el rey.

En cuanto Mardoqueo llegó a palacio, él y Ester rogaron al rey por los judíos que aún peligraban, debido a la ley que el rey promulgó persuadido por Amán.

—Yo no puedo cambiar mi ley pero puedo autorizar a su pueblo a defenderse —dijo el rey.

Entonces, en todo el imperio, se les permitió a los judíos pelear contra los enemigos que intentaran destruirlos. En vez de ser destruidos, ellos dieron muerte a sus enemigos. A mediados del mes que ellos llaman Adar, celebraron su victoria con fiestas por todo lo alto. Se intercambiaron obsequios unos a otros, asegurándose de que los más pobres recibieran regalos especiales y comida suficiente. Mardoqueo envió cartas a todo el reino, pidiendo a cada uno que celebrara esta fiesta cada año. A esta celebración tan especial para el pueblo judío la llamaron Purim.

En esos días se intercambian presentes y en algunos lugares hay danzas en las calles para recordar cómo Dios usó a la valiente Ester, la jovencita huérfana que se convirtió en la reina del imperio Persa para salvar al pueblo judío de la destrucción de todos aquellos años.

LOS CONSTRUCTORES DE DIOS

De regreso a Jerusalén

Después que Nabucodonosor se llevó a todos sus prisioneros de Jerusalén, la ciudad permaneció en ruinas por muchos años.

Los que quedaron allí eran demasiado pobres para reconstruirla y no tenían líderes que les animaran a hacerlo. A pesar de esto, los judíos que habían sido llevados a Babilonia nunca perdieron la esperanza de que un día Jerusalén volvería a ser una verdadera ciudad y ellos pudieran regresar a casa.

"Dios prometió que regresaremos a reconstruir Jerusalén —decían los ancianos animando a sus nietos—, un día regresaremos".

Por fin, un rey de Babilonia llamado Ciro, decidió que todos en su imperio podrían vivir en libertad. Escribió una orden real y la envió a todas las tierras que gobernaba.

Decía así:

"Yo, Ciro, el grande y poderoso monarca del mundo entero, le doy honra a Dios y quiero que todos adoren en libertad y paz en mi imperio. Los judíos viven ahora lejos de su tierra natal y su templo está en ruinas. Esta orden es para todos. Deben ayudar a los judíos que van a regresar a casa y reconstruir su templo. Denles lo que necesitan, ya sea asnos para llevar sus cargas, plata, oro, alimentos para el viaje u ofrendas para el templo".

El propio Ciro les devolvió los tesoros del templo que habían sido robados por Nabucodonosor: vasijas, copas, tazones de oro y plata. Entonces una parte de los judíos exiliados partieron a su país natal; la mayoría de ellos jamás lo habían visto. Pasaron más de cincuenta años desde que sus familias fueron alejadas de Jerusalén.

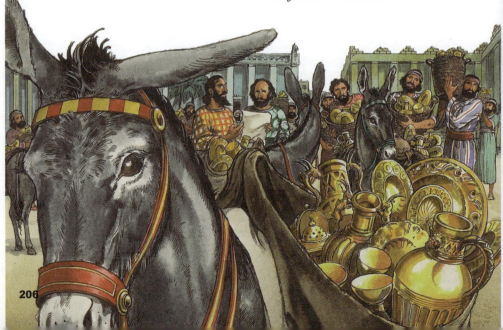

La reconstrucción del templo

En cuanto llegaron a Jerusalén fueron al templo y pusieron manos a la obra. Primero, los sacerdotes repararon el altar donde se hacían sacrificios a Dios y oraron allí. Entonces iniciaron su duro trabajo. Todos ayudaron a reconstruir el templo. Cuando los albañiles comenzaron a poner los fundamentos de piedra de la nueva casa de Dios, los sacerdotes dejaron a un lado sus instrumentos, se vistieron con sus túnicas de gran colorido, tocaron sus címbalos y soplaron sus trompetas. Usando las alabanzas que el rey David había escrito hacía tiempo, cantaron a Dios y todos decían a coro: "El Señor nuestro Dios es bueno. Su amor permanece para siempre".

Algunas personas que vivían en los alrededores de Jerusalén, preguntaron si ellos también podían ayudar a reconstruir el templo, pero los judíos no lo permitieron.

—Ustedes adoran ídolos y también a Dios. Nos impedirían adorar a Dios como es debido y además, sabemos que en realidad no desean que nosotros regresemos y vivamos aquí —dijeron. Ellos se enfurecieron y manifestaron:

—¿Quiénes piensan que son esos recién llegados de Babilonia? —preguntaron. Ellos hicieron todo lo posible por espantar a los exiliados judíos. Incluso sobornaron a los guardias del rey para que difundieran malas historias acerca de los judíos. Cuando el rey Ciro murió esos hombres fueron a contarle chismes al nuevo rey.

El pueblo judío, que había regresado con tantas esperanzas a su tierra natal, se desanimó y detuvo su trabajo, pero no por mucho tiempo.

Dos hombres todavía creían en la promesa de Dios acerca de la reconstrucción de Jerusalén y su templo y en que pertenecerían a Dios una vez más.

—No podemos detenernos ahora —dijeron—. Debemos continuar la reconstrucción en el nombre de Dios. Dos hombres más se unieron a ellos y con valentía comenzaron a reconstruir otra vez, pero los guardias de Darío, el nuevo rey, intentaron detenerlos.

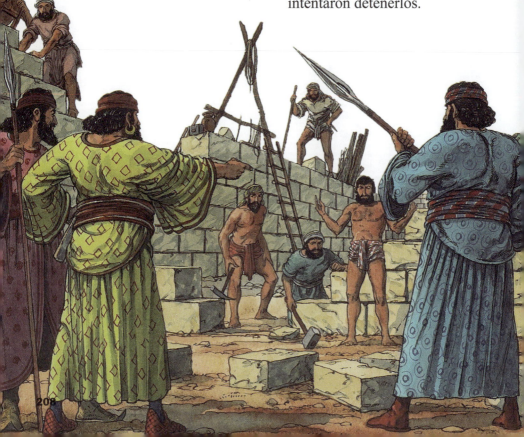

208

—El mismo rey Ciro nos ordenó reconstruir el templo —respondieron los cuatro amigos con audacia.

Esto fue informado al rey Darío, que ordenó revisar todos los archivos del palacio hasta encontrar

mi orden, o intente destruir este nuevo templo será ejecutado!"

La reconstrucción prosiguió sin problemas y muy pronto el nuevo templo estuvo terminado. De todas partes del país los judíos que amaban

el decreto del rey Ciro. Por fin lo encontraron, y entonces Darío dictó su propio decreto: "La reconstrucción debe continuar sin más interferencias, tal como quería Ciro. ¡Cualquiera que desobedezca

a Dios venían a Jerusalén y se reunían en el nuevo templo para orar.

—Hemos visto cómo Dios hizo que los reyes de Babilonia estuvieran de acuerdo en dejarnos reconstruir el templo —decían.

Pasaron muchos años. Aunque el templo había sido reconstruido, muchos judíos aún vivían en Babilonia. Entre ellos se encontraba un hombre llamado Esdras, que era sacerdote. Él amaba a Dios y dedicaba su tiempo a estudiar las leyes sagradas para saber cómo agradar a Dios y enseñar a otros a hacer lo mismo.

Por fin Esdras decidió regresar a Jerusalén y enseñarles a los de allí más acerca de Dios. El rey le dio su permiso y lo cargó de tesoros para el templo. Otros se unieron a Esdras y regresaron a Jerusalén.

Al llegar, Esdras llevó al templo los tesoros que el rey de Babilonia le había dado. Los sacerdotes lo revisaron todo con cuidado y anotaron lo que había allí. Ahora el templo estaba amueblado con opulencia otra vez, aunque la propia Jerusalén era una ciudad triste y arruinada, con numerosos enemigos. Sus puertas estaban rotas y sus murallas aún permanecían en ruinas.

Nehemías pide ayuda al rey

Entre los exiliados judíos que todavía vivían en la corte del rey en la ciudad de Susa, había un hombre llamado Nehemías. Era el encargado de servir el vino y probarlo antes de dárselo al rey, por si acaso estaba envenenado. El rey confiaba plenamente en Nehemías.

Un día el hermano de Nehemías llegó de Jerusalén.

—Las cosas son muy terribles allí —le comentó con tristeza a Nehemías—. Nuestros enemigos continúan amenazándonos y la ciudad aún está en ruinas.

Nehemías se fue y oró por largo tiempo. "Por favor salva a nuestro pueblo Señor; úsame para ayudarlos. Haz que el rey escuche mi súplica para ayudar a Jerusalén".

Después se preparó y fue a servir el vino al rey.

—Hoy te ves muy triste Nehemías —observó el rey—. Sé que no estás enfermo, ¿qué te preocupa?

Nehemías estaba asustado. Los siervos del rey no debían estar tristes delante del rey, pero llenándose de valor contestó:

—Me siento triste porque Jerusalén todavía está en ruinas.

Las palabras de Nehemías tocaron su corazón:

—¿Hay algo que pueda hacer para ayudar?

Nehemías hizo una breve oración silenciosa y después, su importante petición al rey.

—Su Majestad, por favor, déjeme regresar a Jerusalén a reconstruir la ciudad.

—Por supuesto que sí —acordó el rey al instante—. Veo cuánto significa eso para ti. ¿Puedo hacer algo más por ti?

—Majestad, necesitaré cartas firmadas por usted que me permitan viajar a salvo a través de sus tierras y al llegar a Jerusalén necesitaré madera para la reconstrucción.

—Tendrás todo lo que necesitas —prometió el rey.

Reparación de las murallas de la ciudad

Nehemías viajó a salvo a Jerusalén, pero al principio no le contó a nadie el motivo de su llegada.

Esa noche montó su asno y dio un rodeo por las murallas de la ciudad. Nadie lo vio salir. Examinó con cuidado las murallas destruidas. En algunos lugares los muros se habían derrumbado de tal forma que el amontonamiento de piedras no lo dejaba avanzar. El asno no podía pasar por encima de las piedras, pero Nehemías lo condujo alrededor de ellas y regresó a las murallas otra vez. Cuando lo inspeccionó todo a fondo, regresó a casa.

A la mañana siguiente, Nehemías encontró algunos sacerdotes, condujo al pueblo a la plaza y les comunicó sus planes.

—Dios nos ayudará a reconstruir las murallas —les dijo, animándoles—.

Él ya me ayudó. Llegué de Susa a salvo y traigo cartas del rey dándonos permiso para reparar las murallas.

—¡Qué buena idea! —dijeron ellos. Todos se pusieron de acuerdo y de inmediato se inició la obra.

Todos los habitantes de Jerusalén querían ayudar. Nehemías los dividió en grupos y a cada uno les asignó diferentes secciones de la muralla, de modo que el trabajo fuera parejo.

Los judíos todavía tenían enemigos en los alrededores de

Jerusalén. Entre ellos había un hombre llamado Sanbalat, el gobernador extranjero de Samaria, que no quería que los judíos tuvieran su propia ciudad fortalecida y se volvieran poderosos otra vez.

Al principio, él y sus amigos se rieron de Nehemías.

—¿Qué piensan estos judíos que hacen? ¡Solo se necesita una zorra para que salte sobre esos muros y los derribe! —decían.

Sin embargo, muy pronto, sus burlas se volvieron amenazas y Nehemías decidió que tendría que vigilar las murallas con centinelas. Así que dividió a los trabajadores en dos grupos. Una mitad trabajaría en la construcción, mientras la otra haría la guardia. Incluso aquellos que estuvieran trabajando portarían armas, pero la gente aún estaba asustada.

—Recuerden que Dios está con nosotros —les recordó Nehemías—. Él es más fuerte que nuestros enemigos. No dejará que nos derroten ahora.

A su vez, para que se sintieran menos asustados, Nehemías tenía a un hombre con una corneta a su lado, listo para hacer sonar la alarma y advertir a los constructores dispersos a lo largo de las murallas en caso de un ataque enemigo.

Nehemías, el gobernador

Todos trabajaban desde que amanecía hasta que las estrellas aparecían en el cielo. Nehemías y sus hombres vigilaban también todas las noches. En las siete semanas que duró la reconstrucción de las murallas, Nehemías no se desvistió para ir a la cama. Solo dormía a ratos y después continuaba el trabajo.

Además de dirigir la obra ocupó el puesto de gobernador de Judá, el país completo alrededor de Jerusalén. Él sabía que el pueblo era muy pobre y tenía que pagar altos impuestos, por eso jamás tomó dinero de ellos para sí mismo, aunque no era incorrecto que lo hiciera. En su lugar proveyó alimentos para muchos de los judíos y sus líderes y pagó por esto con su dinero. Cada día, ciento cincuenta personas se sentaban alrededor de sus mesas, comían una res completa, seis carneros, una buena cantidad de pollos y bebían jarras de vino.

Nadie fue tan generoso como él. Algunas de las personas pobres traían sus quejas a Nehemías.

—Somos tan pobres que tenemos que pedir dinero prestado para comprar el pan y cuando no podemos devolverlo, los ricos nos quitan nuestras tierras y pertenencias. Ellos, incluso, convierten a nuestros hijos en esclavos.

Nehemías se puso tan furioso que enseguida mandó reunir a todos los ricos y les dijo:

—¿No saben ustedes que en Babilonia reunimos dinero para comprar la libertad de los judíos que fueron vendidos como esclavos? Aquí en Jerusalén ustedes obligan a

sus compatriotas a entregarles a sus propios hijos para convertirlos en esclavos. ¿Por qué? Dios nos dice en su ley que eso es algo terrible y ustedes lo saben muy bien.

¡Devuelvan a los pobres todo lo que les han quitado, en especial a sus hijos!

Los líderes ricos estuvieron de acuerdo y ese día, muchas familias

pobres fueron felices por la acción de Nehemías.

Los enemigos de Nehemías persistían en engañarlo para que dejara Jerusalén y fuera a encontrarse con ellos. Así podrían apresarlo y matarlo.

—Mi trabajo es muy importante. Si voy a encontrarme con ustedes, cesaría la obra —contestó Nehemías. En su interior, él oraba: "Señor, ayúdame a ser más fuerte que mis enemigos".

Un día, un hombre llamado Semaías, que decía que era profeta, le pidió que fuera a su casa.

—Nehemías, estoy contento de que hayas venido —le saludó al llegar—. Dios me ha dado un mensaje para ti. Tienes que esconderte en el templo porque tus enemigos llegarán en cualquier momento y te matarán.

—¿Piensas que voy a salir corriendo a esconderme y salvar así mi propia vida? —preguntó Nehemías sorprendido.

De inmediato abandonó la casa del hombre y comprendió que Sanbalat había sobornado a Semaías, para que lo convenciera de que huyera. Si Nehemías accedía, ellos podrían contarles a todos su cobardía y deshonrarlo ante la opinión pública.

A pesar de todos los problemas, ya las murallas estaban edificadas.

—Ahora todos saben que Dios está con nosotros. Jamás hubiéramos podido hacer esto sin su ayuda —declaró Nehemías.

Esdras lee las leyes de Dios al pueblo

Cuando el trabajo estuvo terminado por completo, todo el pueblo se reunió para adorar a Dios.

—Pidamos a Esdras el sacerdote, que nos explique las leyes de Dios—dijeron.

Una plataforma de madera fue levantada en la plaza de la ciudad, de modo que todos pudieran ver a Esdras con claridad y escuchar lo que decía. Las familias se congregaron para oír. Esdras desenrolló un duro pergamino en el cual estaban escritas las leyes y se levantó.

—Juntos, demos gracias a Dios —dijo Esdras.

De inmediato toda la multitud levantó sus manos en alto y alabó a Dios. Esdras explicó la ley con esmero. Les recordó todo lo que Dios había hecho por ellos y la forma en que tenían que comportarse para agradarle a Él: no podían adorar ídolos ni adoptar las costumbres de otras naciones. Todos escuchaban atentos, y de pronto comenzaron a llorar.

—No hemos practicado las leyes de Dios como es debido —dijeron entre lágrimas.

—Dios quiere que lo adoremos con regocijo —les consolaba Nehemías—.

¡Ánimo! Disfrutemos nuestra fiesta porque hoy queremos tener una celebración especial para Dios.

Entonces lanzaron gritos de alegría y compartieron sus alimentos. Nadie se quedó sin comer ese día.

Días de fiesta

Todos querían celebrar las antiguas fiestas que habían significado tanto para su pueblo en el pasado y que estaban descritas con lujo de detalles en la ley que Esdras les había leído.

—Es el momento de celebrar la Fiesta de los tabernáculos —anunció Esdras—. Hace mucho tiempo, cuando nuestro pueblo deambulaba a través del desierto hacia la tierra prometida que Dios les daría, ellos no tenían casas para vivir, pero confiaron en Dios y él proveyó para sus necesidades. Nosotros estamos aprendiendo también a confiar en Dios, así que celebraremos la fiesta como es debido y acamparemos afuera durante una semana en pequeñas cabañas como dice la ley.

Todos seguían las instrucciones de Esdras con gran entusiasmo. Primero salieron en busca de ramas de olivo, pino, arrayán y palmas. Las reunieron y con ellas tejieron pequeñas cabañas. Acamparon en ellas durante una semana y leían la ley de Dios cada día. En las tardes danzaban y cantaban juntos.

Aunque todos se regocijaban en esas fiestas, quizá la mejor celebración de todas fue cuando las murallas se terminaron por completo.

Cantores y músicos se unieron al pueblo en su gratitud a Dios. Nehemías los dividió en dos grupos. Esdras condujo uno de ellos por la parte más elevada de las nuevas murallas en una dirección, mientras que Nehemías conducía al segundo grupo en la otra dirección. Los que tocaban las trompetas iban al frente. Los demás los seguían cantando con todas sus fuerzas hasta que todos se reunieron en el templo.

Allí ofrecieron sacrificios. Las canciones y alabanzas no cesaban. La música de trompetas, arpas y címbalos se escuchaba de un lado al otro de las recién construidas murallas. La gente danzaba y aplaudía. El ruido que hacían se podía escuchar a todo lo largo y ancho de la ciudad.

—Dios ha contestado todas nuestras oraciones —le dijo Nehemías a Esdras—. Jerusalén está reconstruida y la ley es obedecida por nuestro pueblo, otra vez.

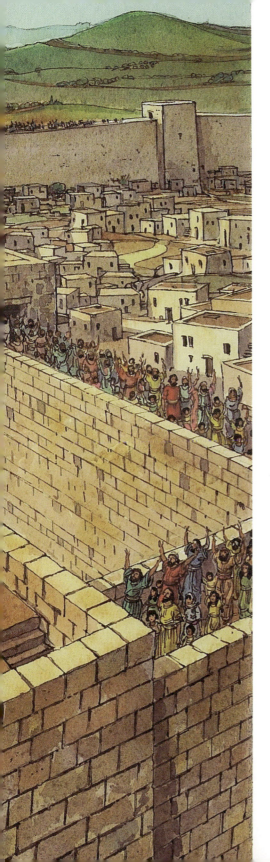

Dios promete un rey especial

El pueblo continuó adorando a Dios y poniendo cuidado a lo que Él quería. Escribieron las historias del pueblo judío y la forma en que Dios había cuidado de ellos. Recordaron a Abraham, Isaac, Jacob y José y la manera en que Dios les mostró su amistad. Reflexionaban acerca de cómo Moisés rescató al pueblo de Israel de Egipto, los condujo a salvo a través del Mar Rojo y les enseñó la ley de Dios. Cantaban las alabanzas y canciones que el rey David escribió y aprendían los sabios consejos del rey Salomón. Comenzaron a comprender el mensaje que Jeremías y los demás profetas habían intentado enseñar: Dios quería que lo amaran y que fueran sus amigos.

Sobre todo, aprendieron que Dios les iba a enviar un nuevo rey especial, alguien aun mayor que el rey David.

"Él vendrá a nosotros como un niño pequeño, y será llamado 'Príncipe de Paz'. Su reino durará por siempre. Siempre obedecerá a Dios y hará lo que a Él le agrada. Nunca engañará a nadie, y jamás dañará al débil. Incluso, cargará con el castigo que nosotros merecemos de parte de Dios, aunque no haya hecho algo para merecerlo".

Con impaciencia, el pueblo esperaba el nacimiento del rey prometido.

ANTIGUO TESTAMENTO

FECHA AC	PERSONAS Y SUCESOS
2000	
	Abraham deja Ur de los Caldeos para ir a Canaán
1900	
	Isaac
1800	
	Jacob y Esaú
	José es llevado a Egipto como esclavo
1700	
	La familia de Jacob se establece en Egipto
1600	
1500	
	Los hebreos se convierten en esclavos en Egipto
1400	
	Moisés es adoptado por la hija de Faraón
1300	
	Moisés conduce a los hebreos fuera de Egipto
	Los hebreos cruzan el Jordán y entran en Canaán
	Caída de Jericó
1200	
	Rut y Noemí se establecen en Belén
	Gedeón vence a los madianitas
1100	
	Sansón ataca a los filisteos
	El niño Samuel va a vivir al templo
	Saúl se convierte en el primer rey de Israel
1000	
	David mata a Goliat
	Salomón construye el templo en Jerusalén
	El reino se divide en Israel y Judá
900	
	Elías reta a los profetas de Baal
	Elías viaja enseñando sobre Dios
800	
700	
	Jeremías exhorta al pueblo a adorar a Dios
	Los babilonios invaden Judá
600	
	Daniel en el foso de los leones
	El templo en Jerusalén es reconstruido
500	
	Ester, la reina de Persia, salva a los judíos
	Nehemías y la reconstrucción de Jerusalén
400	

NUEVO TESTAMENTO

FECHA   PERSONAS Y SUCESOS

Palestina es gobernada por Herodes el Grande

10 AC _____

Nacimiento de Jesús

0 _____

10 DC _____

20 _____

Bautismo de Jesús
Muerte y Resurrección de Jesús

Poncio Pilato, procurador romano

30 _____

Conversión de Pablo

40 _____

Primer viaje misionero de Pablo
Segundo viaje misionero de Pablo

50 _____

Tercer viaje misionero de Pablo
Pablo encarcelado en Cesarea

60 _____

Pablo es llevado a Roma
Los cristianos son perseguidos por el emperador Nerón
Toma de Jerusalén por los romanos

70 _____

80 _____

Los cristianos son perseguidos por el emperador Domiciano

90 _____

Muerte del apóstol Juan

100 _____

NUEVO TESTAMENTO

NUEVO TESTAMENTO

JESÚS EL NIÑO
María y el ángel

Esta es la historia de Jesús y sus primeros seguidores. Comenzó alrededor de dos mil años atrás en Nazaret, una pequeña ciudad en la tierra de Israel. Una muchacha llamada María preparaba la cena. El guiso por un lado y además, la mezcla para el pan de cebada. Parecía que iba a ser una tarde como cualquier otra.

De repente, una voz llamó a la joven por su nombre. Ella miró sorprendida a lo alto y vio a un desconocido a su lado, cuya cara y vestiduras resplandecían. Era un ángel enviado por Dios.

—El Señor es contigo, María —dijo el ángel—. Él está complacido contigo y hará que un bebé crezca dentro de ti. Será un niño y se llamará Jesús, el Hijo de Dios, el rey prometido que salvará a su pueblo de las fechorías y la maldad que los mantiene alejados de Dios.

Al principio, María no entendió al ángel. Luego dijo:

—Yo soy la sierva del Señor. Haré conforme a su voluntad.

María y José

María se iba a casar con un hombre llamado José, el carpintero del pueblo. Cuando él supo lo del bebé, pensó no casarse con ella. Entonces un ángel se le apareció en sueños y le explicó que Dios había enviado ese bebé a María.

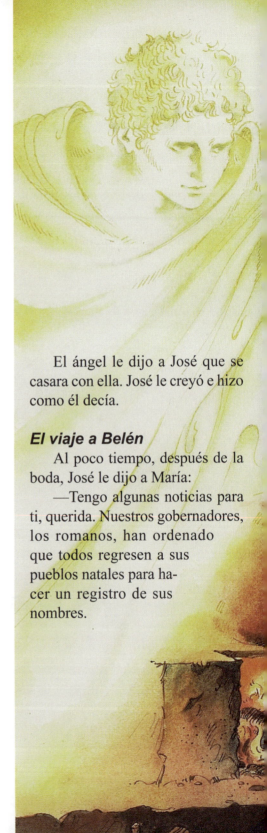

El ángel le dijo a José que se casara con ella. José le creyó e hizo como él decía.

El viaje a Belén

Al poco tiempo, después de la boda, José le dijo a María:

—Tengo algunas noticias para ti, querida. Nuestros gobernadores, los romanos, han ordenado que todos regresen a sus pueblos natales para hacer un registro de sus nombres.

Están haciendo un censo para podernos cobrar los impuestos. Mi familia procede de Belén, así que debemos ir allá. Estoy preocupado porque será un viaje difícil para ti —añadió José con ansiedad.

—Dios cuidará de nosotros —dijo María con paz.

Ella sabía que los romanos no podían ser desobedecidos. Sus ejércitos habían conquistado Israel y su emperador gobernaba la tierra. Entonces emprendieron el viaje.

Pronto se unieron a otros viajeros y atravesaron el camino rocoso rumbo a Belén. Por la noche acampaban junto al camino, dormían

sobre la tierra, solo encendían una fogata para ahuyentar a las bestias salvajes. Hasta que por fin José señaló hacia una pequeña aldea sobre una colina y dijo:

—¡Ya estamos cerca!

—¡Qué bueno, necesito llegar a una posada! ¡Siento que mi bebé va a nacer pronto! —exclamó María.

—¡Entonces tenemos que apurarnos! Belén es la ciudad donde nació el rey David hace cientos de años. Nuestros maestros nos han dicho con frecuencia que otro líder especial nacerá allí. Él guiará a nuestro pueblo en los caminos de Dios.

—¡Apúrate, burrito! Los maestros dijeron la verdad. Nuestro rey bebé, Jesús, nacerá esta noche en Belén.

¡Dios nos está observando! —susurró María.

En el establo

Las calles de Belén estaban repletas de viajeros cansados.

—No tengo más habitaciones. Estamos abarrotados —dijo el mesonero.

—Por favor —rogó María—. Mi bebé está a punto de nacer. ¿No puede ayudarnos de algún modo?

—Deseo ayudarles —contestó el mesonero—. Esperen un momento, pienso que... ¡tal vez puedan dormir en el establo! La paja está lo suficientemente limpia, y las vacas los mantendrán calientes. Miren, es por aquí...

El establo era más pequeño que una cueva pero, a altas horas de esa noche, Jesús, el propio Hijo de Dios, nació allí y María lo acostó en un pesebre lleno de heno porque no hubo habitación para él en el abarrotado mesón.

El rey de los pastores

En la repleta ciudad nadie sabía que el rey prometido dormía en el establo, pero un ángel llevó la noticia a algunos pastores que cuidaban sus rebaños en los campos de las afueras de Belén.

—¡Buenas noticias para todos!

Los pastores levantaron la vista, aterrados. Estaban rodeados por un coro de ángeles más resplandecientes que las estrellas del cielo.

—¡No teman! El rey prometido, su Salvador, el Mesías y Señor ha nacido cerca, en Belén. Lo encontrarán envuelto en pañales, acostado en un pesebre. ¡Vayan rápido a verlo! —les dijo uno de ellos.

Entonces los pastores oyeron a los ángeles cantar: "¡Gloria a Dios en las alturas! ¡Paz a su pueblo en la tierra!" Así que dejaron sus rebaños y corrieron a la colina de Belén.

Intentando no hacer demasiado ruido, se apretujaron en el establo y se arrodillaron junto al pesebre donde Jesús dormía.

Al ver al pequeño niño, murmuraron llenos de gozo:

—¡Alabado sea Dios! ¡Gracias, Señor!

Él ha enviado a este pequeño a ser nuestro Salvador. El rey prometido tenía que nacer en un establo, no en un rico palacio. ¡Dios no se ha olvidado de nosotros, su humilde pueblo!

Los pastores se marcharon apresurados, alabando a Dios. María se sentó y contempló a su pequeño niño.

—El establo está a oscuras. Las vacas mugen y patean. Las ratas corretean en el heno, pero la música de las alturas celestiales toca para ti querido Jesús. Duérmete mi pequeño, duerme bien — murmuró María.

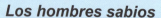

Los hombres sabios

Muy lejos de allí, por el desierto, unos hombres sabios cabalgaban hacia Belén tras el fulgor de una inmensa estrella en el cielo. Durante el día caluroso descansaban a la sombra de sus camellos, pero en las noches, emprendían la marcha siguiendo la estrella. El viento frío azotaba sus caras mientras miraban el cielo.

—La estrella indica, que un rey ha nacido —dijo uno—. Yo soy viejo, sin embargo, al ver la estrella dejé mi hogar y mis libros para seguirla y encontrar al rey.

—Debe estar guiándonos hacia un palacio real. ¡Seguro allí encontraremos a un bebé muy importante! — dijo otro.

Cuando arribaron a la ciudad de Jerusalén, donde estaba el palacio real de Israel, no fueron más lejos sino que se detuvieron en busca del bebé.

El rey que vivía allí se llamaba Herodes. Él les dio la bienvenida a los hombres sabios, pero sus noticias lo alarmaron mucho.

"Una estrella avisó a esos visitantes que un nuevo rey acaba de nacer en mi reino —pensó él lleno de ira—.

¡Solo hay lugar para un rey en esta ciudad, y ese soy yo!"

El rey se volvió hacia los sacerdotes, que estaban parados cerca de él y preguntó:

—¿Dónde se supone que nacerá el rey prometido?

—¡En Belén, oh rey! —contestaron ellos, haciendo una profunda reverencia.

"¡Debo deshacerme de ese bebé!"—pensó Herodes.

Y concibió un malvado plan.

—Busquen al niño en Belén —les dijo a los hombres sabios—.

Cuando lo encuentren, déjenme saberlo. Yo también quiero ir a adorarlo.

Herodes mentía. En realidad, pretendía matar al bebé.

Los hombres sabios encontraron a José, María y al niño en Belén. Se arrodillaron y adoraron a Jesús. Habían traído valiosos regalos para él: oro brillante, mirra e incienso de dulce olor.

Entonces, Dios advirtió a los hombres sabios que no confiaran en el rey Herodes. Por eso, no le revelaron al rey dónde estaba Jesús y emprendieron el regreso sin pasar por Jerusalén.

La huida a Egipto

Esa noche un ángel se le apareció a José en sueños.

—Herodes busca al niño para matarlo —dijo el ángel—. Levántate rápido, toma al bebé y a María y vayan a Egipto. Permanezcan allí hasta que les avise.

José despertó a María y al niño y la familia huyó de la aldea.

—Oí el llanto de muchos niños cuando salíamos de Belén —dijo María, mientras seguía a José por el camino.

—Yo también lo oí —dijo José—. Los soldados de Herodes están matando a todos los niños en la aldea. Él quiere eliminar a nuestro pequeño rey. Por eso, Dios nos dijo que huyéramos a Egipto.

La pequeña familia vivió en Egipto hasta que el rey Herodes murió y estuvieron a salvo para regresar a la casa en Nazaret.

La infancia de Jesús

En Nazaret, Jesús crecía robusto y fuerte. Acostumbraba ayudar a José en el taller de carpintería. Nadie en el pueblo sabía que los ángeles cantaron el día de su nacimiento en Belén, ni de la estrella que había guiado a los hombres sabios con sus costosos regalos. Solo María observaría a veces a su hijo, para preguntarse qué ocurriría con él.

Cuando Jesús tuvo doce años, fue con sus padres a Jerusalén para celebrar la gran fiesta de la Pascua.

¡Era maravilloso subir los escalones de las estrechas calles en dirección al templo de oro! Cuando las demás familias de Nazaret emprendieron el regreso a sus casas, Jesús permaneció allí. Hablaba con los maestros sabios que enseñaban al pueblo acerca de Dios. Ellos se preguntaban con asombro:

—¿Quién es este niño? Parece que conoce a Dios en una forma muy especial. Él se siente como en su hogar, aquí en la casa de Dios.

Mientras tanto, José y María viajaban de regreso a Nazaret. Suponían que Jesús estaba entre ellos con algún amigo o pariente. Cuando notaron su ausencia, ya habían viajado un día completo. Así que regresaron a Jerusalén a buscar a Jesús.

Al fin, lo encontraron en el templo.

—¿Por qué nos has hecho esto?

¡Hemos estado muy preocupados por ti, buscándote por todas partes! —le preguntó María.

—¿No esperabas encontrarme aquí, en la casa de mi Padre? —le respondió Jesús. Luego, se marchó tranquilo con sus padres.

María no comprendió lo que él quiso decirle entonces, pero con frecuencia pensaba en sus palabras. Cuando Jesús creció y comenzó a hacer la obra especial que Dios, su Padre, le había encomendado, ella recordó y comprendió aquella conversación.

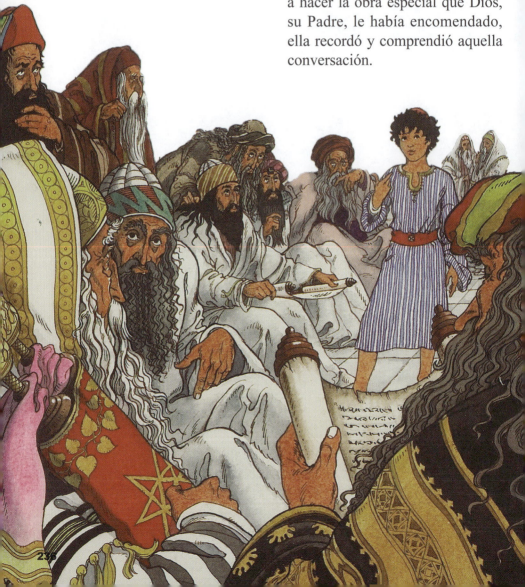

JESÚS COMIENZA SU OBRA ESPECIAL
Juan el Bautista

Pasaron varios años hasta que llegó el momento en que Jesús colocara a un lado sus instrumentos de carpintería y se dedicara a la obra especial que Dios le encomendara.

En aquel tiempo, Juan, el primo de Jesús, dejó su casa y se fue a vivir al desierto, más allá del río Jordán. Él usaba ropas rústicas hechas de pelo de camello y comía el alimento del desierto: miel silvestre y langostas. Estos últimos, eran unos insectos parecidos a grandes saltamontes.

Todos los días se paraba a orillas del río y enseñaba al pueblo acerca de Dios. Sus ojos brillaban como el ardiente sol y su voz, fuerte como el viento del desierto, atraía grandes multitudes que acudían a oír su mensaje, acerca del rey que Dios iba a enviar.

—Ustedes hacen lo malo, cosas que enojan a Dios —decía Juan—. Deben arrepentirse y dejar de hacerlas para que Dios pueda perdonarlos. Yo los bautizaré aquí en el Jordán como señal de su arrepentimiento. ¡No hay mucho tiempo! Sabemos que Dios prometió darnos un rey especial para guiarnos. ¡Él viene pronto, debemos estar preparados para recibirlo!

Un día, Jesús llegó al río y le pidió a Juan que lo bautizara también. Juan supo de inmediato que Jesús era el rey que Dios había prometido. Al principio no quería bautizarlo, pero Jesús sabía que debía hacerlo, aunque él no había hecho nada malo. Entonces, con humildad, Juan bautizó a Jesús.

En cuanto salieron del agua escucharon la voz de Dios que decía: "Este es mi Hijo amado, en quien tengo complacencia".

Jesús en el desierto

Jesús dejó a las multitudes a orillas del río y se fue al desierto. No había ningún lugar para refugiarse del sol abrasador del mediodía ni del frío viento que soplaba en la noche. Los animales salvajes vagaban por la arena y el mal acechaba.

Cuando Jesús estuvo solo por cuarenta días, el diablo vino para probarlo. Él quería que Jesús usara el poder que tenía como Hijo de Dios, para obtener alabanzas para sí mismo y que no cumpliera la obra de su Padre. El diablo sabía que Jesús no tenía comida, así que lo

primero que hizo fue persuadirlo para que convirtiera en pan las piedras del desierto. Jesús rehusó hacerlo.

—El pueblo necesita más que pan para mantenerse vivo —le contestó al diablo—. Ellos necesitan conocer las palabras de Dios y también obedecerlas.

El diablo hizo un nuevo intento. Llevó a Jesús a la torre más alta del templo en Jerusalén, y le dijo:

—¡Salta! ¡No temas! No te harás daño. Las Sagradas Escrituras dicen que Dios enviará a sus ángeles para salvarte.

—Las Sagradas Escrituras también dicen que no debes intentar probar a Dios —le replicó Jesús.

Entonces el diablo le mostró a Jesús los reinos del mundo, con todo sus poderes y riquezas y le dijo:

—¡Yo te daré todo esto si te postras ante mí y me adoras!

—¡Márchate, diablo! Solo a Dios debemos adorar —contestó Jesús con firmeza.

El diablo, frustrado, lo dejó solo y Dios envió ángeles para fortalecerlo después de la prueba.

Ahora Jesús estaba listo para regresar a las personas de las aldeas y pueblos de alrededor y enseñarles acerca de Dios.

Jesús va a una boda

Un día, Jesús, su madre y algunos amigos fueron invitados a una boda. Todos disfrutaron de la fiesta, pero después de un rato la amiga de María se acercó a ella y comentó:

—¿Qué vamos a hacer? Se nos terminó el vino.

Era una deshonra no poder brindar vino a los invitados mientras duraba la fiesta de bodas. María sintió pena por su amiga. Ella le contó a Jesús lo que ocurría, y después, habló con los criados: —Mi hijo Jesús ayudará. ¡Hagan tal y como Él les diga!

Había seis tinajas anchas colocadas cerca de la puerta. Jesús les dijo a los criados que las llenaran de agua. Cuando todas las tinajas estuvieron llenas, les indicó:

—Ahora, saquen un poco y denlo a probar al invitado más importante.

Uno de los criados llenó un cántaro. Esperó con ansias mientras el invitado bebía. ¿Se enojaría por habérsele ofrecido agua? Pero este sonrió.

—¡Este es el mejor vino que he probado en mi vida, lo reservaron para el final!

¡Jesús había convertido el agua en vino! Ahora todos disfrutarían la celebración.

Jesús llama a los pescadores

No lejos de la ciudad donde se celebró la boda, se extendía un gran lago llamado Mar de Galilea. Una tarde, dos pescadores se sentaron a remendar sus redes a la orilla del lago, donde estaban anclados los botes de pesca. Se llamaban Pedro y Andrés.

Dos muchachos se acercaron y se detuvieron a observar.

—Jesús viene por este camino —dijeron los niños—. Lo vimos detrás de nosotros, por la orilla.

Simón y Andrés alzaron rápido la vista. Simón se había encontrado con Jesús antes y quería hablar con él otra vez.

Entonces vieron a Jesús a la distancia, llamándoles.

—¡Simón! ¡Andrés! ¡Dejen sus redes! ¡Vengan conmigo! Quiero que me ayuden a hablarles a todos de Dios.

Al instante, los pescadores se levantaron. Se despidieron de los niños y siguieron a Jesús.

Más allá, en la playa, otros dos pescadores, Santiago y Juan, trabajaban en su bote con su padre. Eran primos de Jesús al igual que Juan el Bautista, que había bautizado a Jesús.

—Vengan con nosotros —los llamó Jesús—. Necesito de ustedes también.

Entonces, los dos hombres se despidieron de su padre y se fueron con Jesús.

241

Jesús sana a los enfermos

Simón, que también era conocido como Pedro, invitó a todos a su casa.

—¡Mi esposa y su mamá van a tener mucho gusto en verte, Jesús! —le dijo él a Jesús.

Simón Pedro no sabía que su suegra estaba enferma. Ellos la encontraron en cama.

Cuando ella vio a Jesús exclamó:

—¡Querido Maestro! Me gustaría darte una bienvenida apropiada, pero tengo mucha fiebre y me siento tan débil que tengo que acostarme...

Jesús se inclinó y tocó la mano de la anciana. Ella se sintió mejor de inmediato. De hecho, se levantó al momento y les cocinó una deliciosa cena.

Esa tarde, una gran cantidad de gente enferma se reunió en las afueras de la casa de Simón. Aquellos que no podían caminar fueron llevados por sus amigos. Los niños acompañaban a sus abuelos, las madres traían a sus bebés enfermos y los ciegos eran llevados allí. Las personas poseídas por espíritus diabólicos y los afligidos, que habían enfermado por las preocupaciones, vinieron también. Jesús los ayudó a todos. Él tocaba a los enfermos y los sanaba. Expulsaba los espíritus de demonios. Todos descubrieron que Dios los amaba y había enviado a Jesús para ayudarlos y restaurarlos.

Jesús y el hombre paralítico

Cada día, más y más personas querían que Jesús sanara a sus amigos enfermos y parientes. Un día, cuatro hombres trajeron a un amigo paralítico a la casa donde Jesús estaba de visita. Este hombre había estado paralítico durante veinte años. No podía dar ni un paso y sus amigos tuvieron que cargarlo en una camilla. Al llegar a la casa, no podían entrar porque la multitud se aglomeró en la puerta. Ellos subieron al techo, que era plano y de barro y comenzaron a abrir un hueco suficientemente grande para dejar pasar a su amigo a través de él. El barro se desmoronó con facilidad y muy pronto pudieron bajarlo hasta donde estaba Jesús.

Jesús miró al hombre y le dijo:

—Todo lo malo que has hecho está perdonado. Ahora, puedes levantarte y caminar.

Algunos de los líderes judíos, los sacerdotes y escribas que enseñaban al pueblo acerca de Dios y sus leyes, observaban entre la multitud. Estaban impactados y enojados.

—Solo Dios puede perdonar lo malo que hacen las personas —dijeron—. ¿Quién piensa Jesús que es?

Sin embargo, el paralítico se levantó feliz, agradeció a Jesús y se apresuró a marcharse corriendo y saltando con sus piernas fuertes y sanas otra vez.

Jesús y el cobrador de impuestos

Jesús escogió a alguien más para ayudarle, Mateo, el recaudador de impuestos. Los recaudadores de impuestos recogían el dinero del pueblo para entregárselo a los gobernantes romanos. Estos no eran del agrado del pueblo. Ellos habían tomado a Palestina, por lo que el pueblo los despreciaba ya que trabajaban para ellos. Para empeorar las cosas, los recaudadores con frecuencia estafaban al pueblo. Cobraban dinero de más para apropiarse de él.

Nadie hablaba a los recaudadores de impuestos a menos que fuera imprescindible, pero Jesús fue directo a la mesa donde Mateo trabajaba y le dijo:

—¡Sígueme!

De inmediato, Mateo decidió dejar sus bolsas de dinero y sus rollos de cuentas. Se levantó y siguió a Jesús. Esa tarde dio una fiesta para que otros recaudadores también conocieran a Jesús. Los líderes judíos y otros transeúntes estaban indignados al ver a Jesús mezclado con aquella gente tan deshonesta, pero el Señor explicó:

—La gente mala también me necesita. En realidad, a ellos son los únicos que he venido a ayudar.

Jesús y Nicodemo

Todo esto desconcertaba a los líderes religiosos. Cuando Jesús sanaba a la gente y les enseñaba con tanta sabiduría, parecía probar que provenía de Dios. Sin embargo, al mezclarse con la gente mala parecía estar rompiendo las leyes sagradas de Dios. Uno de los líderes religiosos, llamado Nicodemo, estaba tan desconcertado que una noche muy tarde, cuando la ciudad estaba desierta y nadie podía verlo, fue a buscar a Jesús.

Conversaron por largo rato. Jesús contestó las preguntas de Nicodemo y le explicó muchas cosas.

Por último, regresó a su casa muy pensativo. Decidió también convertirse en seguidor de Jesús, pero lo mantuvo en secreto por un tiempo.

Jesús y la mujer samaritana

Jesús y sus amigos solían ir juntos a los alrededores de la ciudad. Él enseñaba al pueblo acerca de los caminos de Dios. En un día caluroso, atravesaron un distrito llamado Samaria. Mientras Jesús descansaba junto a un pozo, los demás fueron a comprar alimentos.

Una mujer samaritana se acercó a buscar un poco de agua. Ella no habló con Jesús, porque los samaritanos y los judíos eran enemigos y jamás se dirigían la palabra. De cualquier forma, por costumbre, un hombre judío no podía hablar a una mujer si la encontraba fuera de su casa. Sin embargo, para sorpresa de ella, Jesús le pidió un vaso de agua. La samaritana exclamó extrañada:

—¿Por qué me pides de beber? Muy pronto, se enfrascaron en una profunda conversación. Mientras Jesús hablaba el asombro de la mujer crecía. Jesús conocía todo acerca de su vida, incluso sus malas acciones y aun así quiso ayudarla a acercarse más a Dios. Muy impresionada, ella decidió traer a sus amigos para que lo conocieran. Muchos de ellos creyeron el mensaje de Jesús acerca de Dios y le pidieron que se quedara con ellos y les enseñara más. Jesús se sintió muy complacido y permaneció dos días más con la mujer samaritana y sus amigos.

Jesús y su Padre

Un día, Jesús llevó a Pedro, Santiago y Juan al monte. Subieron una alta y solitaria montaña y Jesús se adelantó a orar. Mientras los pescadores lo observaban, su cara se iluminó. Sus vestiduras deslumbraban. Eran de un blanco más brillante que la nieve o la luz del sol. Jesús

248

Los pescadores sintieron temor. Cuando se atrevieron a mirar hacia lo alto, Moisés y Elías habían desaparecido. Solo Jesús permaneció junto a ellos diciéndoles que no temieran. Despacio, bajaron la montaña. Ahora no dudaban que Jesús era en verdad el Hijo de Dios, pero aún no comprendían todo lo que eso significaba. Se dieron cuenta más tarde cuando Jesús murió y resucitó, como Él les había dicho que ocurriría. Jesús mismo les pidió que no dijeran nada sobre lo que habían visto hasta que se cumpliera todo lo que de Él, estaba escrito.

resplandecía bañado por la luz. A su lado, dos hombres hablaban con él. Eran Moisés y Elías, dos líderes judíos, muertos hacía mucho tiempo. Maravillado, Pedro llamó aparte a Jesús. En ese momento, una nube radiante los cubrió y de su interior llegó la voz de Dios que decía: "Este es mi Hijo amado. ¡Escúchenlo!"

JESÚS, CUENTA PARÁBOLAS
El buen pastor

Por ese entonces, grandes multitudes seguían a Jesús dondequiera que iba y él les enseñaba acerca de Dios. Jesús siempre les hablaba con sencillez y no decía cosas difíciles de entender, como a menudo hacían sus líderes. En lugar de ello, les contaba parábolas interesantes. He aquí algunas de ellas.

Hubo una vez un pastor que cuidaba tan bien a sus ovejas que conocía con exactitud cuáles le pertenecían aunque se hallaran en un enorme redil mezcladas con otras. El pastor las reconocía al instante.

Las llamaba a cada una por su nombre. Las ovejas entendían porque reconocían la voz de su pastor. Lo seguían mientras él caminaba delante de ellas mostrándoles el camino hacia donde la hierba era

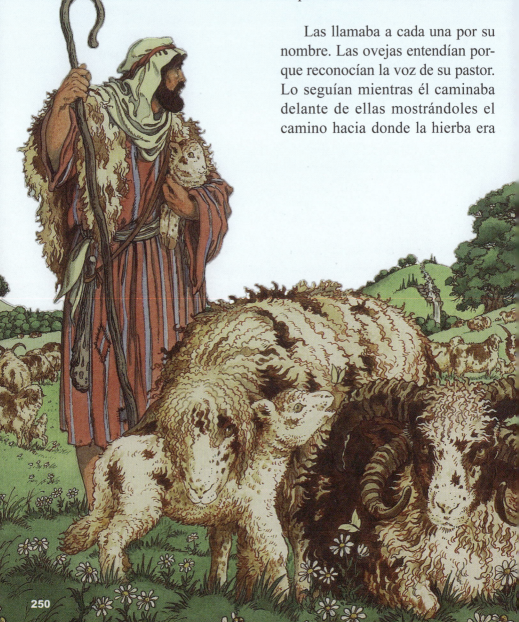

buena y había seguridad para que comieran su pasto. Cada vez que los ladrones intentaban robarle las ovejas o atacaban los lobos, el pastor jamás huía como hacían los malos pastores. Él permanecía con sus ovejas y combatía a sus atacantes, incluso si él resultaba herido.

—Yo soy como el buen pastor —explicaba Jesús—. Los que me siguen, son como esas ovejas. Yo los cuidaré. Hasta daré mi vida por ellos.

La oveja perdida

La segunda parábola era sobre un pastor que tenía que cuidar cien ovejas. Una tarde, al contarlas, halló que solo había noventa y nueve. ¡Se había perdido una! ¿Qué le habría ocurrido?

¿Se la robarían? ¿Vagaría por el campo, la devoraría un león o se habría caído por un barranco? El pastor estaba muy triste y preocupado. Así que dejó a las noventa y nueve ovejas pastando y fue a la montaña a buscar a la que se le había perdido.

Por fin la encontró en un peñasco, en lo más alto de la montaña. El pastor estaba muy contento. Colocó al asustado animal sobre sus fuertes hombros y la condujo a salvo, de regreso al rebaño. Luego reunió a sus amigos y les dijo: "Vengan todos, quiero celebrar con ustedes.

¡Estoy feliz porque he encontrado mi oveja que estaba perdida y está de regreso en el redil!"

Este relato tiene además un significado secreto. Las personas que vuelven sus espaldas a Dios y lo olvidan son como la oveja perdida. Dios es como el pastor que busca a su oveja y se contenta al encontrarla aunque tenga otras noventa y nueve en la casa.

Las flores

Jesús quería que todos entendieran que Dios cuida mucho a las personas y está siempre preparado para ayudar a los que confían en él. Jesús sabía que sus amigos se preocupaban con frecuencia porque no tenían mucho dinero y habían dejado sus trabajos para seguirlo a él.

—No estén ansiosos —les decía, señalando a las flores que alfombraban la hierba junto al mar de Galilea.

¿Han visto alguna vez una flor sentada tejiendo su hermoso vestido? ¡Por supuesto que no! Sin embargo, vean con cuanta alegría Dios las viste. ¡Ni siquiera el rico rey Salomón en toda su gloria usó vestiduras tan espléndidas!

¿Si Dios tiene tanto cuidado al vestir las flores del campo, no cuidará aun más de ustedes y les dará también vestidos y alimentos? Entonces, ¿por qué no confían en Él? ¡Permitan que Dios cuide de ustedes y dejen de preocuparse todo el tiempo!

La buena cosecha

En sus parábolas, Jesús siempre utilizaba flores, pastores y sus rebaños en las montañas, cosas que hemos visto y nos son familiares. Los sembradores son también conocidos y de ellos trata la siguiente historia.

Una mañana muy temprano, un sembrador salió a sembrar sus semillas. Las llevaba en una bolsa grande, mientras caminaba echaba puñados de semillas sobre la tierra. Algunas cayeron sobre la tierra seca junto al camino, vinieron las aves y se las comieron. Otras semillas cayeron en la tierra pedregosa donde solo había una fina capa de tierra. Los retoños verdes brotaron rápido, pero no pudieron echar raíces pues la tierra no tenía profundidad. Por ello, tan pronto el sol les dio, se secaron y murieron.

Otras semillas cayeron entre espinos que ahogaron los retoños impidiéndoles crecer.

Sin embargo, algunas semillas cayeron en la tierra buena. Allí crecieron y maduraron hasta levantarse altas y gruesas, listas para la cosecha. El sembrador estaba contento por la buena tierra que le había devuelto treinta, sesenta, y hasta cien veces más de lo que había sembrado. ¡Era una cosecha magnífica!

Después que Jesús relató esta parábola, les explicó a sus amigos su significado.

—La semilla es nuestro mensaje del amor de Dios. La tierra dura junto al camino representa los corazones de algunas personas que nunca aceptan lo que decimos. El mensaje pronto desaparece de sus mentes.

'Otros comprenden y se interesan por el mensaje, pero no quieren hacer nada que sea difícil. Cuando aparecen los problemas renuncian enseguida y culpan a Dios. Son como la tierra pedregosa que solo tiene una fina capa de tierra buena.

'Otras personas escuchan nuestro mensaje, pero las preocupaciones por el dinero y los problemas de cada día surgen en sus mentes, como las espinas del relato, y perturban las buenas noticias acerca de Dios.

'Pero hay unos que están tan contentos de escuchar del amor de Dios, que comienzan a llevar vidas agradables a Él y comparten también el mensaje con los demás. Ellos son como la buena tierra que devuelve más granos que los que el sembrador sembró.

Las dos casas

Jesús contó otra historia acerca de las personas que escuchaban sus enseñanzas.

—El que sigue mis enseñanzas, es como el hombre sabio que quería construir una casa. Cavó hondo, atravesando la tierra arenosa del valle donde quería edificar, hasta encontrar la roca. Entonces construyó su casa con firmeza usando la roca como cimiento. Cuando llegaron las lluvias de otoño e inundaron el valle, las tormentas estremecieron la casa, pero esta permaneció firme.

'Otro hombre construyó una casa cerca de allí, pero no se molestó en cavar profundo hasta la roca. Por el contrario, construyó su casa sobre la arena. Cuando las lluvias de otoño llegaron, la tierra arenosa fue arrasada.

La casa crujió, se estremeció y se derrumbó. La inundación la barrió y no quedó nada de ella.

'Los que no siguen mis enseñanzas son como este hombre. Cuando llegan los problemas no pueden permanecer firmes —concluyó Jesús.

Los dos hombres

Jesús contó otra historia acerca de dos hombres que fueron a orar al templo. El primero era un fariseo, uno de los líderes judíos, y el segundo, un recaudador de impuestos.

El fariseo pensaba que siempre obedecía las leyes de Dios. Así que atravesó con orgullo las puertas del templo y se paró donde todos podían verlo. En alta voz, dijo a Dios cuán bueno era: "Gracias te doy, Dios, que soy mejor que otras personas. No me parezco ni una pizca a ese recaudador de impuestos que está ahí. Yo hago todo lo que te agrada".

El recaudador, que había llegado en silencio, solo pudo murmurar con su cabeza inclinada: "Ten piedad de mí, Señor. He hecho lo malo y estoy arrepentido".

Ambos hombres regresaron a sus casas, pero no fue el orgulloso fariseo quien más agradó a Dios, sino el recaudador que dijo: "Estoy arrepentido"; y Dios lo perdonó.

Estaba solo por completo y ni siquiera le alcanzaba el dinero para comprar alimentos. Intentó encontrar trabajo, pero lo único que consiguió fue en una finca, cuidando cerdos.

Veía cómo los cerdos engullían su comida y deseó tener también

El hijo perdido

En otra historia, Jesús enseñó que Dios siempre anhela perdonar a cualquiera que actúe como el recaudador de impuestos.

Un campesino tenía dos hijos. El mayor era apegado a la casa, pero el más joven amaba la aventura.

"Quiero ver el mundo —pensó el joven—. Cuando mi padre muera, heredaré una parte de sus bienes, pero quiero ese dinero ahora. Iré y le pediré a mi padre que me dé lo que me corresponde. Luego dejaré la casa y haré todo lo que se me antoje".

El campesino se sintió muy triste al ver que su hijo quería dejar la casa, porque él amaba al joven, pero lo dejó hacer su voluntad. Así que con un bolso repleto de dinero, se marchó a un país lejano.

Al principio, se divirtió a plenitud y tuvo muchos amigos que se sentían complacidos en invitarlo a las fiestas porque era rico. No demoró mucho en gastar su dinero y sus nuevos amigos desaparecieron también. Nadie lo quería sin dinero.

algo que comer. Incluso le hubiera gustado comer de la misma comida de ellos. Entonces comenzó a pensar en su casa donde nadie pasaba hambre.

"Mi padre es bondadoso y trata bien a todo el mundo, aun a los criados —pensó—. ¡Qué estúpido soy, sentado aquí muriéndome de hambre!

Regresaré a casa y le diré a mi padre que estoy arrepentido. ¡Aunque no me acepte como hijo, tal vez me deje trabajar para él como criado!"

Mientras más pensaba en esto, mejor le parecía la idea. El joven emprendió el viaje hacia su casa, más feliz de lo que se había sentido en mucho tiempo.

Su padre siempre observaba por la ventana con la esperanza de ver a su hijo regresar, cuando divisó a lo lejos una delgada figura que avanzaba con dificultad.

El campesino miró fijamente. Entonces vio que era su hijo menor y corrió a encontrarse con él. Extendió sus brazos, lo abrazó y lo besó, mientras el joven decía:

—¡Lo siento! Padre, he hecho lo malo ante los ojos de Dios, y te he tratado mal a ti también. No merezco ser tu hijo nunca más pero, por favor, acéptame como uno de tus criados.

Su padre no quería escuchar eso. Enseguida hizo entrar al joven a la casa y llamó a sus criados.

—¡Traigan la mejor ropa y póngansela a mi hijo! ¡Denle también un anillo y unas sandalias! ¡Maten un becerro! ¡Vamos a celebrar una gran fiesta!

El hijo mayor estaba trabajando para su padre en el campo. Al regresar a casa en la tarde escuchó el sonido de la música y las danzas. Los criados le dijeron que su hermano había regresado. Él se paró a la entrada, malhumorado.

—Papá nunca mató un becerro para que yo celebrara —murmuraba—. Yo he permanecido trabajando en el campo mientras mi hermano disfrutaba la vida. ¡Eso no es justo!

Su padre había salido para convencerlo de que fuera a la fiesta.

—Tú siempre has estado conmigo, y todo lo que ahora tengo, es tuyo —dijo—, pero es bueno que hoy estemos contentos y celebremos. Yo pensaba que tu hermano estaba muerto, pero ha despertado a la vida otra vez. Se había perdido, pero lo he encontrado.

El buen samaritano

Así como enseñaba a la gente acerca del amor de Dios y cómo agradarlo, Jesús quería mostrarle al pueblo cómo debían tratarse los unos a los otros. Cierta vez, uno de los líderes religiosos le hizo una pregunta:

—¿Qué debo hacer para tener la vida eterna cuando muera?

Jesús sabía que el que preguntaba era un hombre listo, que en realidad intentaba sorprenderlo. Entonces le hizo otra pregunta.

—Dios nos dio una ley para decirnos cómo agradarle a Él. ¿Qué dice la ley?

—Debemos amar a Dios con todo nuestro corazón y a nuestro prójimo como nos amamos a nosotros mismos —contestó el hombre.

—Entonces, eso es lo que debes hacer —respondió Jesús con sencillez.

—Bueno, pero, ¿quién es mi prójimo? —preguntó el hombre.

Y Jesús le contó una parábola para contestarle.

En el camino de Jerusalén a Jericó había un lugar solitario con numerosas rocas utilizadas por los ladrones para esconderse. A nadie le gustaba transitar por aquel camino y menos cuando iban a pie. Un día, un viajero salió de Jerusalén y antes de haberse alejado mucho fue asaltado por una banda de ladrones. Ellos lo despojaron de todo lo que tenía y huyeron, dejándolo tirado junto al camino, muy mal herido. De seguro moriría si alguien no venía en su ayuda.

Allí tirado, escuchó pasos de alguien que se acercaba por el camino. Estaba demasiado débil para gritar o moverse, pero estaba seguro de que cualquiera que fuese, lo vería herido.

El transeúnte era un sacerdote. Iba a Jerusalén a orar en el templo. Vio al hombre, pero estaba demasiado asustado para detenerse por

temor a que los ladrones lo atacaran también.

A toda prisa atravesó el camino y se fue por otro lado.

Un poco más tarde, otro hombre bajó por aquel camino. Iba también en dirección al templo. Miró al hombre herido por un momento y después siguió su camino dejando al moribundo bajo el sol ardiente.

Por último, un samaritano pasó
por allí sobre un asno. Los judíos
y los samaritanos se odiaban entre
sí, pero este hombre sintió pena
por el judío herido. Se bajó de
su asno y buscó en su equipaje
un poco de aceite fresco y vino.
Usó eso para limpiar las heridas
del hombre. Entonces, rasgó sus
propias vestiduras para hacerle un
vendaje. Luego levantó al herido,
lo colocó sobre su asno, lo llevó a
un mesón y allí cuidó de él toda la
noche.

A la mañana siguiente, el samaritano tenía que continuar su viaje.

Entregó dos monedas de plata al mesonero.

—Cuide bien al herido —le dijo—. Si necesita gastar más dinero, yo lo repondré cuando regrese.

Después de terminar su relato, Jesús preguntó al hombre listo:

—¿Quién piensas que en realidad, cuidó al hombre atacado?

—¡El que cuidó de él! —respondió el hombre.

Al hombre listo no le gustaba admitir que había sido el samaritano, uno de los enemigos de los judíos.

Pero Jesús le contestó:

—Entonces, debes ir y comportarte de la misma forma.

JESÚS, EL AMIGO
El sábado santo

La mayoría del pueblo se gozaba al escuchar las historias de Jesús y al aprender más de Dios, pero los sacerdotes estaban muy enojados. Temían que Jesús estuviera alterando sus leyes.

Un sábado, Jesús y sus amigos fueron a caminar por el campo. El sábado era el día que los judíos apartaban para adorar a Dios. Era un día sagrado, especial. En él no se podía hacer ningún tipo de trabajo. Los líderes habían elaborado una serie de reglas acerca de cómo debía transcurrir ese día.

Jesús y sus amigos sintieron hambre y recogieron algunas espigas de trigo mientras caminaban por el campo y pudieron comer granos de nueces. De inmediato, algunos de los líderes se acercaron a Jesús y exclamaron:

—¡Tus amigos están rompiendo la ley! ¡No está permitido trabajar en el sábado! ¡Recoger espigas de trigo es trabajar!

Jesús se enojó. Él conocía el deseo de Dios: que el sábado fuera un día feliz, en el que todos le adoraran. Los líderes habían inventado tantas leyes, que cumplirlas era una carga. Jesús intentó explicarles esto, pero ellos estaban demasiado enojados y no querían escuchar.

—Jesús sigue alterando nuestras leyes —murmuraron.

Entonces, todos se pusieron de acuerdo y comenzaron a conspirar contra él.

Un sábado, Jesús fue a la sinagoga a orar. Allí vio a un hombre con una mano lisiada. Los líderes religiosos lo observaban de cerca. Si Jesús sanaba al hombre sería considerado como un trabajo y así, habría roto la ley.

Jesús sabía lo que ellos pensaban.

—Cuando sus ovejas caen en un hoyo, ustedes las rescatan enseguida aunque sea sábado —dijo él.

Entonces se volvió al hombre y le ordenó:

—Estira tu mano.

El hombre obedeció y al instante su mano estuvo bien y fuerte otra vez.

Todos los líderes religiosos estaban desconcertados y enojados. Conspiraron aun con más fuerza para matar a Jesús.

Jesús ayuda a un soldado romano

La sinagoga de Capernaum había sido edificada para el pueblo judío por un oficial romano. Él era un hombre justo y bueno que creía en Dios. Tenía un sirviente a quien trataba bien y apreciaba mucho. Un día, el sirviente enfermó. ¡Qué preocupado estaba su amo! Él decidió pedirle ayuda a Jesús.

—Sí, iré y sanaré a tu sirviente —dijo Jesús.

—No —contestó el oficial—. Yo no merezco tenerte en mi casa y no necesitas ir allá. Sé que tú estás bajo la autoridad de Dios tal y como yo, bajo las órdenes de mi comandante. Yo también doy órdenes y mis soldados me obedecen al instante. Solo tienes que dar la orden y mi sirviente sanará.

Jesús estaba sorprendido y exclamó:

—¡Nunca he conocido a nadie de mi pueblo que tenga la fe de este extranjero! Ve a casa. Lo que has creído, ocurrirá.

Al instante, el sirviente se sanó.

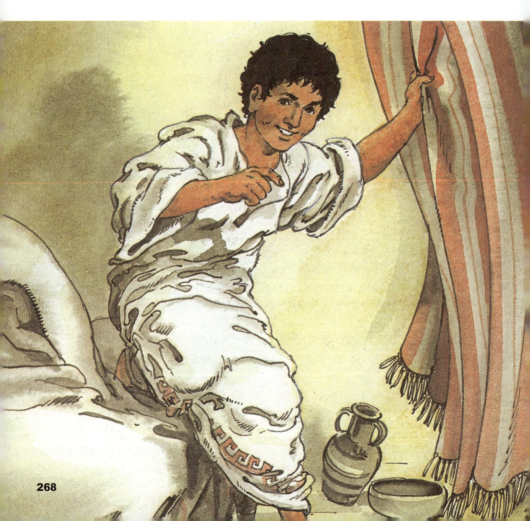

Jesús calma la tempestad

Una tarde, Jesús y sus amigos querían encontrar un lugar tranquilo lejos de la multitud para descansar y pasar un tiempo juntos. Decidieron abordar un barco de pesca y navegar por el mar de Galilea. Jesús estaba cansado y muy pronto se quedó dormido. De repente, se desató un viento terrible e hizo levantar olas que chocaban contra los lados de la embarcación. Los amigos de Jesús estaban aterrados, pues eran pescadores y sabían que esas tormentas repentinas solían ser muy peligrosas. Enseguida despertaron a Jesús. Él se levantó y miró a su alrededor. Vio las tremendas olas, pero no tuvo temor. Con autoridad le dijo a la tormenta:

—¡Cálmate!

Al instante, el viento disminuyó y las olas se aquietaron. Sus amigos estaban maravillados de su poder y se preguntaban unos a otros.

—¿Quién puede ser este hombre en realidad? ¡Aun el viento y el mar le obedecen!

Jesús alimenta a cinco mil personas

Era siempre difícil para Jesús y sus amigos alejarse de las multitudes para descansar. Las personas perseguirían incluso a un barco de pesca si veían a Jesús a bordo. Tan pronto como desembarcaba todos se reunían a su alrededor.

Una vez, Jesús sintió mucha compasión por aquellos que habían permanecido con ellos todo el día. Al anochecer, todos estaban hambrientos. Andrés, uno de los amigos de Jesús, preguntó:

—¿Qué encontrarán para comer? Será mejor enviarlos a los pueblos para que compren alimentos.

—¡Aliméntenlos ustedes! ¿Qué cantidad de pan tienen? —respondió Jesús.

—Aquí hay un niño que tiene cinco panes y dos peces, pero no alcanza para esta multitud —contestó Andrés.

Con serenidad, Jesús tomó la cesta que el niño le entregó y dijo a sus amigos:

—Hagan que la gente se siente. Entonces, dio gracias a Dios por los alimentos. Partió los panes en pedacitos y dividió los peces. Sus amigos comenzaron a repartir la comida y aunque en la multitud había cinco mil personas hubo más que suficiente para todos. De hecho,

después de terminar de comer, los amigos de Jesús llenaron doce cestas con lo que había quedado.

Todos estaban maravillados del poder de Jesús.

Algunos del pueblo querían hacer rey a Jesús, pero él sabía que eso no era lo que Dios quería. Él intentaba que sus amigos comprendieran que la obra que Dios le había encomendado era muy diferente.

—Mis enemigos me arrestarán y me matarán —les advirtió—. Pero Dios me resucitará.

Jesús ayuda a diez hombres enfermos

Jesús y sus amigos caminaban por el campo cerca de Samaria. Acababan de llegar al pueblo cuando vieron a diez hombres parados a lo lejos. Padecían una terrible enfermedad de la piel y las personas temían ser contagiadas, si se acercaban. Los diez hombres rogaron a Jesús que los sanara y él les dijo que fueran y mostraran a un sacerdote que ellos estaban bien. Eso era lo que la ley decía que tenían que hacer si se curaban. En cuanto los hombres empezaron a caminar, sanaron. Llenos de alegría, nueve de ellos corrieron hacia el sacerdote, pero uno que era samaritano regresó alabando a Dios. Encontró a Jesús y le dio las gracias por haberlo curado, así ya no tendría que esconderse de todo el mundo.

—¡Ustedes eran diez, y solo tú, el extranjero, has regresado para darme las gracias! Regresa a casa. Tu fe te ha sanado por completo —exclamó Jesús.

Jesús y los niños

Algunas familias decidieron traer a sus niños a ver a Jesús. Pero sus amigos trataron de impedirlo.

—¡Jesús está demasiado ocupado para hablar con los niños!

Jesús escuchó esto y se indignó:

—¡No hagan salir a los niños!

¡Déjenlos venir a mí!

La multitud de niños corrió feliz hacia él. Jesús los rodeó con sus brazos y se volvió a los mayores:

—Ustedes necesitan tener fe como estos niños.

Puso sus manos sobre los niños y oró para que Dios los bendijera.

Jesús y el joven rico

Jesús y sus amigos estaban despidiéndose de los niños, cuando un joven avanzó con impaciencia por entre la multitud. A diferencia de la mayoría que venía a ver a Jesús, él se veía bien vestido y alimentado. Su barba estaba cortada y peinada con esmero. Tenía anillos en los dedos y joyas alrededor del cuello. Sin embargo, había algo que el hombre rico necesitaba. Él quería tener vida eterna después de su muerte. Por ello, le preguntó a Jesús:

—¿Qué debo hacer?

—Debes guardar las leyes de Dios —contestó el Señor.

—¡Yo las he obedecido durante toda mi vida, Maestro!

Jesús miró con amor al joven.

—Todavía te falta una cosa. ¡Vende todo lo que tienes, entrega el dinero a los pobres y entonces, sígueme!

Jesús le habló con afecto, pero el joven movió la cabeza. Él no concebía entregarse a sí mismo, al dar su dinero. Y se alejó muy triste.

Jesús y el pequeño recaudador de impuestos

Sin embargo, había otro hombre rico que quería encontrarse con Jesús. Era el jefe de los recaudadores de impuestos de Jericó y se llamaba Zaqueo. Un día, él oyó que Jesús estaba en camino a Jericó. De inmediato, bajó corriendo al sendero para unirse a la multitud que esperaba a Jesús.

Zaqueo era bajo de estatura y regordete. No podía ver por encima de los demás y sabía que nadie abriría un espacio para él por ser recaudador de impuestos y un estafador. Él cobraba impuestos muy elevados al pueblo y se quedaba con ese dinero de más.

De repente, divisó un enorme árbol que crecía junto al camino. Esperó que nadie lo viera y se trepó a las ramas del mismo. ¡Ya tenía una espléndida vista de Jesús, cuando él pasara por debajo!

Zaqueo había oído que Jesús tenía amigos entre los recaudadores, pero no podía creer, cuando Jesús levantó la vista al árbol, que lo llamara por su nombre.

—¡Zaqueo, baja! ¡Hoy debo quedarme en tu casa!

Muy contento, Zaqueo descendió del árbol sin importarle quien lo viera.

Ofreció a Jesús una espléndida bienvenida, pero la multitud lo siguió a su casa refunfuñando.

—¿Qué está haciendo Jesús, al juntarse con alguien como Zaqueo?

De repente, sus quejas se convirtieron en fuertes gritos de alegría. Zaqueo había comenzado a repartir sus bienes y a devolver el dinero robado.

—¡Vengan todos! ¡Ayúdense ustedes mismos! Los que yo he

engañado, ¿están aquí? Entonces, tomen esto.

¡Cuatro veces más de lo que les quité!—decía Zaqueo.

Cuando regresó adentro, su casa parecía un desierto, pero Jesús estaba allí sonriente y complacido.

—Bien hecho —dijo a Zaqueo y este se sintió muy feliz. Él sabía que ahora pertenecía a Dios y que le había perdonado todas sus maldades.

Jesús y el mendigo ciego

Un mendigo ciego llamado Bartimeo vivía también en Jericó. Él estaba sentado junto al camino como de costumbre, pidiendo dinero a los transeúntes cuando escuchó la marcha de una gran multitud. Sus pies levantaban el polvo que se arremolinaba alrededor del ciego. Este preguntó:

—¿Qué ocurre?

—Jesús viene —gritó la multitud.

—¡Ayúdame, Jesús! ¡Ayúdame! —comenzó el ciego a gritar.

La gente poco amable de la multitud le gritó que se estuviera quieto, pero Bartimeo continuó clamando. Entonces alguien dijo:

—Levántate. Jesús te oyó gritar y quiere que vayas a él.

Bartimeo dio un salto. Caminó tambaleándose hacia Jesús, con sus dedos nudosos extendidos hacia delante para guiar sus pasos.

—¿Qué quieres que haga por ti? —le preguntó Jesús.

—¡Maestro, quiero ver! —jadeó Bartimeo, casi sin aliento.

—¡Entonces, ve! ¡Tu fe te ha sanado! —le contestó Jesús.

El ciego parpadeó. Miró hacia lo alto y lo primero que vio fue el rostro de Jesús. Lleno de gozo lo siguió por todo el camino, mirando las cosas a su alrededor y dando grandes voces de alabanza a Dios.

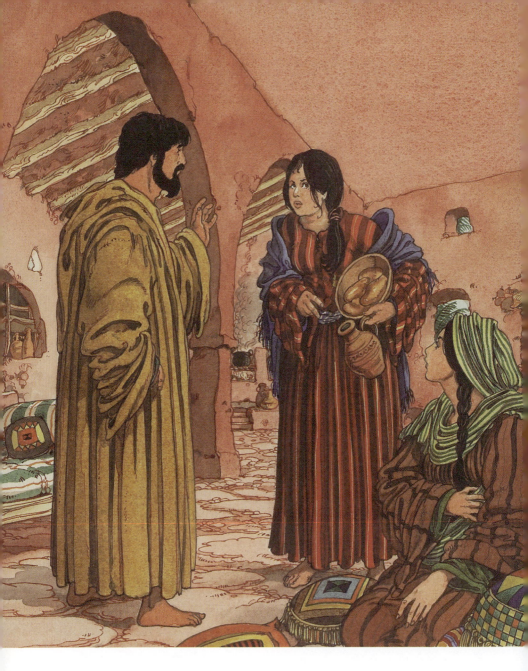

Jesús y las dos hermanas

Jesús tenía dos amigas especiales que lo invitaban con frecuencia a estar con ellas. Eran dos hermanas, llamadas Marta y María. Un día, cuando Jesús las visitaba Marta estaba muy ocupada limpiando y cocinando, pero María se sentó junto a Jesús a escuchar sus palabras.

La pobre Marta se sintió muy molesta y le pidió a Jesús:

—¡Haz que mi hermana venga y me ayude con el trabajo!

—Marta, Marta, estás muy preocupada y ansiosa con tu trabajo en la cocina, pero María ha escogido también un trabajo: Aprender acerca de Dios, y eso es lo mejor —le contestó él.

Jesús resucita a Lázaro

Marta y María tenían un hermano llamado Lázaro. Un día, este enfermó de gravedad y al cabo de dos días murió. Jesús estaba muy lejos en ese momento, pero las dos hermanas le enviaron un mensajero con la noticia.

Muy pronto, Jesús llegó a Betania, donde ellos vivían, pero Lázaro ya había sido enterrado. Marta se adelantó a encontrarse con Jesús.

—Si tú hubieras estado aquí, mi hermano no habría muerto —dijo ella—. Pero sé que Dios hará cualquier cosa que tú le pidas.

—Marta, todo el que cree en mí se levantará de la muerte. ¿Tú crees esto? —dijo Jesús.

—Sí —contestó ella con firmeza—. Sí. Yo creo lo que tú dices; tú eres el Hijo de Dios.

Entonces María salió a buscar a Jesús. Ella también estaba segura de que él habría sanado a su hermano. Lloraba con amargura, así como los amigos de Lázaro que venían con ella. Jesús sintió mucha compasión.

Mientras caminaba con ellos hacia la tumba donde estaba enterrado Lázaro, él comenzó a llorar también.

El cuerpo había sido envuelto en telas de lino y tendido en una cueva, cerrada con una piedra gruesa y redonda. Jesús les dijo que removieran la piedra. Entonces, oró a Dios y llamó con voz poderosa:

—¡Lázaro, sal fuera!

De inmediato, Lázaro apareció a la entrada de la cueva, vivo, pero todavía envuelto en las telas de lino.

—Desenróllenle esas ropas y déjenlo marchar —dijo Jesús.

En ese momento, muchos creyeron en él, pero los sacerdotes estaban furiosos. Ellos deseaban más que nunca matar a Jesús y lo vigilaban muy atentos, esperando una oportunidad para apresarlo.

LA HISTORIA DE LA PASCUA
Jesús va a Jerusalén

Jesús sabía que su vida estaba en peligro, pero entendía el plan de Dios Padre para la humanidad; era necesario que él muriera para la salvación de todos los humanos. Por eso, marchó confiado hacia Jerusalén para celebrar la fiesta de la Pascua a pesar de que la ciudad estaba llena de sus enemigos.

Mientras hacían el viaje hacia la ciudad, Jesús le dio una sorpresa a dos de sus amigos.

—¿Recuerdan ustedes que las Escrituras dicen que el rey que Dios enviará, llegaría a Jerusalén cabalgando sobre un asno? Ustedes encontrarán un asno en el próximo pueblo; desátenlo y tráiganmelo. Si alguien les pregunta sobre esto, dirán: "El Maestro lo necesita" y les dejarán traerlo.

Llenos de emoción los dos amigos se fueron.

Encontraron el asno fácilmente, y comenzaron a desatarlo para llevárselo.

Desde la entrada, un hombre gritó:

—¡Hey, un momento! ¿Qué están haciendo con ese asno?

—El Maestro lo necesita —dijeron los amigos como Jesús les había dicho. Al escuchar esto, el hombre expresó:

—¡Oh, eso es diferente! Trátenlo con cuidado, ¿está bien? Nadie ha cabalgado antes sobre él, pero si Jesús lo quiere, puede usarlo.

Ellos desataron el asno y lo llevaron a Jesús.

Multitudes acudían a Jerusalén para celebrar la fiesta de la Pascua. Todos se sentían felices por el día festivo y cuando vieron a Jesús lo aplaudieron y le dieron voces de júbilo emocionados:

—¡Aquí viene el rey!

Cortaron hojas de palma de los árboles y las hacían ondular al viento. Algunas personas incluso, tendieron sus mantos sobre el camino y el asno caminó sobre ellos mientras conducía despacio a Jesús hacia la ciudad. Atravesando las calles estrechas se dirigieron al bello templo, donde los judíos de todas partes del mundo se reunirían para adorar a Dios.

Jesús desaloja el templo

Jesús vio algo que lo llenó de ira.

El patio del templo era como un mercado público. Allí cualquiera podía comprar pájaros y animales para ofrecer a Dios. Los corderos balaban a toda voz y las blancas palomas se arrullaban en jaulas.

Dentro del área del templo tenían que usarse monedas especiales. Todos tenían que cambiar su dinero, como si se tratara de un país extranjero. Los que cambiaban el dinero eran unos estafadores y se quedaban con la mayor parte del cambio. Jesús agarró un látigo y los expulsó de allí.

Él derribó sus mesas y las monedas rodaron en todas direcciones. ¡Entonces, se formó un alboroto en el templo! Las palomas volaron en libertad. Las ovejas se embestían unas a otras y los terneros mugían, mientras los comerciantes gritaban con furia.

—¡Dios quiere que su templo sea un lugar tranquilo donde todos puedan adorarlo! ¡Ustedes comerciantes, están en un error! ¡Han convertido el templo de Dios en una cueva de ladrones!

¡Fuera de aquí! —decía Jesús.

Los sacerdotes y los líderes que odiaban a Jesús estaban furiosos con él. Era su trabajo mantener el orden en el templo. Entonces, intentaron tenderle una trampa a Jesús haciéndole una pregunta engañosa.

—Maestro —dijeron con hipocresía—. ¿Debemos pagar impuestos a los romanos o no?

Si Jesús decía "no", estaría en problemas con los romanos. Si decía "sí", el pueblo se enojaría porque los judíos odiaban tener que pagar los impuestos y obedecer la ley de Roma. Sus amigos esperaron impacientes a ver qué haría Jesús.

—Déjenme ver una moneda —dijo él—. ¿De quién es la imagen y el nombre estampados en ella?

—Del Emperador de Roma —contestaron ellos.

—Entonces paguen al emperador romano lo que es suyo y paguen a Dios lo que le pertenece a Él —contestó Jesús.

Ellos se alejaron en silencio, pero Jesús sabía que todavía lo vigilaban con esmero.

Jesús y el perfume costoso

Cada día de la siguiente semana, Jesús enseñó a las multitudes en el templo, pero una noche, por seguridad, él y sus amigos dejaron Jerusalén para permanecer en un pequeño pueblo cerca de allí. Una tarde, una mujer llamada María Magdalena fue a ver a Jesús. Llevaba consigo un frasco de perfume muy caro y amaba tanto a Jesús que

Jesús y la viuda pobre

Mientras caminaban alrededor del templo, Jesús y sus amigos observaban a los ricos dejar caer sus monedas de plata en el plato de las ofrendas. Entonces vieron a una mujer pobre, viuda, sin una familia que la ayudara y era evidente que nunca tenía lo suficiente para comer. Ella dejó caer dos pequeñas monedas de cobre dentro del plato.

—Miren, amigos —dijo Jesús—. Esa mujer pobre ha ofrendado más que toda la gente rica que hemos visto.

—¿Ella hizo eso? —preguntaron sus amigos asombrados.

—Sí —contestó Jesús—. Ellos dieron a Dios solo lo que les sobraba. Dejaron mucho dinero, pero ella es tan pobre que tenía solo esas dos monedas. Ella le ha entregado a Dios todo el dinero que tenía.

lo derramó completo sobre su cabeza y sus pies. Un aroma exquisito llenó la habitación. Las lágrimas de María cayeron sobre los pies de Jesús mientras ella los besaba y los secaba con sus cabellos.

—¡Qué derroche! —dijo Judas, uno de los seguidores de Jesús—. María podía haber vendido este perfume y dar el dinero a los pobres.

—No —replicó Jesús—. María ha hecho algo precioso para mí, antes de mi muerte.

Jesús y Judas

María estaba contenta, pero Judas frunció el ceño enojado por las palabras de Jesús. Él guardaba el dinero de Jesús y los demás, y acostumbraba a tomar de ahí para sus necesidades. Si María hubiera vendido su perfume, habría más dinero para él robar. A partir de ese momento, cada día su codicia por el dinero crecía y comenzó a estar enojado con Jesús porque él prestaba atención a otras cosas. Por último, fue a ver a los sacerdotes.

—¿Qué me darán si los ayudo a capturar a Jesús? —preguntó.

Ellos respondieron que treinta monedas de plata. Judas se esfumó, pero estuvo atento al momento en que Jesús quedara solo y sus enemigos pudieran apresarlo sin ningún problema.

La cena de la Pascua

Al finalizar la semana llegó el día de la Pascua. Los judíos la celebraban con una cena especial de pan sin levadura y cordero con hierbas y salsa. Jesús encontró una habitación secreta en Jerusalén, donde pudo celebrar con sus amigos y sin dificultades la cena de la Pascua. En cuanto se sentaron a la mesa, Jesús se levantó y se quitó su largo manto. Ató una toalla alrededor de su cintura, echó agua en una palangana y a cada uno de sus amigos, por turno, lavó sus pies y les quitó el polvo de las calles de la ciudad.

—¡Señor, tú no debes lavar mis pies como un criado! —dijo Simón Pedro.

—¡Voy a lavar tus pies porque te amo Pedro! —dijo Jesús—.

Mis amigos, soy feliz de servirles como un criado. Ustedes deben estar preparados también para servirse unos a otros, con humildad.

Jesús se sentó otra vez.

—Uno de ustedes me va a entregar a mis enemigos —dijo con tristeza.

—¿Quién podría ser? —se preguntaban con ansiedad unos a otros, pero Judas sabía.

Entonces Jesús tomó un poco de pan, lo partió y lo compartió con sus amigos.

—Este es mi cuerpo, el cual es entregado por ustedes —dijo—. Cuando ustedes partan y coman el pan, juntos así como hoy, deberán recordarme.

Tristes y desconcertados, ellos compartieron el pan. Entonces Jesús pasó la copa de vino a cada uno de ellos.

—¡Beban todos! —dijo Jesús—. Esta es mi sangre, la cual será derramada para que los pecados de todos puedan ser perdonados por Dios.

Judas traiciona a Jesús

Ellos no comprendían. ¿Por qué continuaba hablando de su muerte cuando todos los días las multitudes lo seguían y lo alababan? Con tristeza, dejaron la habitación y fueron con él a un huerto silencioso en las afueras de la ciudad, donde a Jesús le gustaba orar.

Por el camino Jesús les advirtió de nuevo, todo lo que iba a ocurrir.

—Yo no te abandonaré —afirmó Simón Pedro—, aunque los demás huyan y te dejen.

—Mañana, antes que oigas cantar al gallo tres veces, dirás que nunca me conociste —dijo Jesús—.

Espérenme aquí —añadió Jesús—. No se duerman. Permanezcan alertas y oren por mí.

Entonces, él se alejó en el huerto y oró a solas: "¡Padre, si es posible, no me dejes morir esta horrible muerte!"

Su cabello se pegó a su frente, húmedo de sudor. Con un gran esfuerzo exclamó: "Padre, no hagas lo que yo quiero. Haz lo que consideres mejor". Regresó

junto a sus amigos y los encontró dormidos.

—¿No pudieron quedarse despiertos? —preguntó Jesús—. ¡Levántense ahora, por ahí vienen mis enemigos!

Hacia el quieto jardín se aproximaba Judas seguido por una agitada multitud, hombres enviados por el sumo sacerdote, armados con espadas y palos. Venían para capturar a Jesús.

—El hombre a quien yo bese es el que ustedes quieren —cuchicheó Judas a los soldados.

Él fue directo a donde estaba Jesús.

—¡Paz, Maestro! —dijo Judas, y lo besó.

Jesús miró a Judas con intensidad.

—¿Por qué estás aquí, amigo? —le preguntó con amabilidad—. ¿Has venido a entregarme con tu beso?

Jesús es arrestado

Entonces los soldados apresaron a Jesús.

—No hagan daño a mis amigos—les dijo Jesús. Simón Pedro tenía una espada escondida bajo su manto. Él quería defender a Jesús. Golpeó a un esclavo y le cortó la oreja.

—Guarda tu espada, Simón —dijo Jesús—. Yo iré con ellos sin que me obliguen, pues este es el camino que mi Padre escogió para mí.

Todos se quedaron silenciosos.

—¿Tenían que venir con palos y lanzas a capturarme? —preguntó Jesús a los soldados. Día tras día he ido al templo. Todos me veían allí,

pero entonces ninguno de ustedes me arrestó.

Él sabía que ellos habían temido arrestarlo por causa de las multitudes. Tocó al hombre herido y sanó su oreja.

—Este es el momento para que operen los poderes de las tinieblas —dijo Jesús.

Los soldados se dieron prisa en salir del huerto. Los aterrados

amigos de Jesús se esfumaron entre los árboles, dejando a Jesús solo en manos de aquellos que querían matarlo pues pensaban que él había roto las leyes de Dios.

Los que habían planeado capturar a Jesús tenían que encontrar, por fin, una razón para matarlo. Toda la noche le estuvieron haciendo preguntas. Los líderes trajeron gente que contaban mentiras acerca de él, pero ninguna de sus historias concordaban.

Por último, vencido, el sumo sacerdote preguntó:

—¿Eres tú el Hijo de Dios?

—Sí, yo soy —contestó Jesús.

—¡Él afirma ser Dios! ¡Eso está en contra de nuestras leyes sagradas! —exclamó el sumo sacerdote.

—¡Es culpable! —dijeron de acuerdo los demás—. ¡Debe morir!

Pedro niega a Jesús

Afuera en el patio, había una fogata donde los soldados y criados de los líderes se calentaban mientras esperaban.

Simón Pedro se había escurrido entre la multitud que llegó con Jesús. Fue y se paró junto al fuego.

Los criados del sumo sacerdote se fijaron en él.

—¿No eres tú uno de los amigos de Jesús? —preguntó una muchacha.

—Oh no, ni siquiera lo conozco —declaró Simón Pedro inquieto, pero poco después, uno de los hombres reconoció al fuerte pescador.

—¡Ey, este sujeto es también uno de ellos! —dijo él.

—¿Yo? ¡Seguro que no! —mintió Simón Pedro.

—¡Vamos, tú no puedes engañarnos! Eres también de Galilea. Tu acento te delata. Por supuesto que estabas con Jesús.

—¡No, yo no conozco a Jesús!—gritó.

Más allá del patio, el primer resplandor del amanecer se asomó en el cielo. Un gallo que estaba cerca cantó a toda voz. Entonces Simón Pedro recordó las palabras de Jesús, que antes que el gallo cantara en la mañana, él habría negado tres veces conocer a Jesús.

Pedro corrió afuera y lloró con amargura.

Jesús y el gobernador romano

A los líderes judíos no se les permitía sentenciar a muerte. Solo los gobernadores romanos podían hacerlo. Por ello, Jesús fue enviado al gobernador romano que se llamaba Poncio Pilato.

—Te hemos traído un verdadero alborotador —advirtieron los sacerdotes a Pilato—. Él revuelve a nuestro pueblo contra los romanos. ¡Incluso se llama a sí mismo, rey!

Pilato miró a Jesús con curiosidad.

—¿Eres tú un rey? —le preguntó.

—¡Como usted dice! —contestó Jesús. Y no respondió ninguna de las demás preguntas que le hizo Pilato.

Este miró a su prisionero, sin poder hacer nada. Él sabía que Jesús no merecía la pena de muerte, pero el sacerdote lo quería muerto. Pilato no quería incomodar a los sacerdotes. Se le ocurrió una idea.

Condujo a Jesús al exterior y lo mostró a la multitud que allí esperaba.

—Ustedes saben que yo siempre dejo en libertad a uno de sus prisioneros en el tiempo de la Pascua —dijo Pilato a la multitud—.

Aquí está Jesús. ¿Dejo que se vaya?

—No —gritó el pueblo.

Entonces uno clamó:

—¡Suelten a Barrabás en su lugar! Otras voces se le unieron, a pesar de que Barrabás era un bandido.

Pilato estaba asustado de la enfurecida multitud, de modo que mandó a poner en libertad a Barrabás y dejó a Jesús en manos de los soldados romanos. Estos lo golpearon con crueldad. Le hicieron una corona de espinas y la colocaron a la fuerza sobre su cabeza. Entonces lo envolvieron en un manto púrpura y se inclinaron ante él vitoreándole en tono de burla: —¡Viva el rey!

Por último, Pilato llevó de nuevo a Jesús ante la multitud.

—Aquí está su rey —les dijo—. ¿Qué quieren que haga con él? Él no ha hecho nada que merezca la muerte.

Pero los sacerdotes habían convencido al pueblo de que Jesús debía morir y la multitud gritó:

—¡La cruz! ¡Que muera en la cruz! Esta era la misma multitud que cinco días antes le había dado la bienvenida.

Jesús es crucificado

Jesús fue sentenciado a morir. Él tuvo que cargar su propia cruz. Sus hombros estaban lastimados y sangraban por los latigazos de los soldados.

Él se tambaleaba y caía por tanto peso. Por ello, los soldados ordenaron a un hombre llamado Simón, que había llegado de Cirene en el norte de África para celebrar la

Pascua en Jerusalén, que llevara la pesada carga de Jesús. Simón recordó esa cruz por el resto de su vida.

Más allá de las murallas de la ciudad había un sitio llamado "Lugar de la calavera". Allí los soldados romanos tendieron a Jesús sobre la cruz y clavaron sus manos y pies al madero.

—Padre perdónalos, porque no saben lo que hacen —dijo Jesús.

Dos ladrones estaban clavados en sus respectivas cruces a cada lado de él. Algunos de los soldados jugaban a los dados para pasar el tiempo. El ganador tendría como premio, el manto que Jesús había usado. Una enorme multitud observaba a Jesús y sus líderes se burlaban:

—¡Desciende de la cruz, rey!

Uno de los ladrones se unió a los gritos, pero el otro dijo: —Nosotros sufrimos lo que merecemos, pero este hombre no ha hecho nada malo —y volviendo su cabeza hacia Jesús le dijo—: Acuérdate de mí cuando estés en tu reino.

—Hoy estarás conmigo en el Paraíso —le respondió Jesús con firmeza.

Eran las nueve de la mañana cuando clavaron a Jesús en la cruz. Al mediodía el cielo se oscureció.

—Dios mío, Dios mío; ¿por qué me has desamparado? —clamó Jesús en la oscuridad.

Algunos lo oyeron y se preguntaron si en ese momento Dios lo rescataría, pero nada ocurrió.

Jesús solo tenía un poquito de fuerza.

—Tengo sed —gritó con voz ahogada.

Los soldados mojaron una esponja en vinagre y con una caña la llevaron para humedecer sus labios.

—Todo ha terminado —gritó Jesús, e inclinando la cabeza, murió.

Jesús resucita

Dos de sus seguidores secretos le pidieron a Pilato el cuerpo de Jesús.

Lo envolvieron en una sábana de lino y lo llevaron a un jardín, donde había una tumba nueva cavada en la peña. Algunas de las mujeres que también habían sido amigas de Jesús, siguieron a los hombres al huerto. Ellas vigilaron mientras los hombres rodaban la pesada piedra frente a la entrada de la tumba y después todos regresaron a sus casas muy tristes.

El sábado santo estaba comenzando, de modo que ellos no podían

trabajar, pero en cuanto cayó el atardecer, las mujeres comenzaron a preparar perfumes y especias para echar en las vestiduras de lino, en la tumba. Esa era la única forma en que podían demostrar cuánto querían a Jesús.

Muy temprano el domingo por la mañana, María Magdalena se dirigió al jardín. Con gran asombro vio que la puerta de la tumba estaba abierta. Ella corrió a buscar a Simón Pedro y a su otro amigo, Juan.

Los dos hombres corrieron a la tumba. Estaba vacía. No había cuerpo alguno. Solo la sábana de lino yacía sobre la tierra. Los hombres se fueron muy sorprendidos, pero María se quedó llorando junto a la tumba. Ella no vio que había un hombre a su lado. Este le preguntó:

—¿Qué te pasa? ¿Por qué lloras?

Ella pensó que debía ser el jardinero, y contestó:

—Señor, ellos sacaron su cuerpo. ¿Sabes a dónde lo han llevado?

—María —dijo el hombre, y de repente ella lo reconoció. ¡Era Jesús!

—¡Maestro! —exclamó ella muy feliz, secando sus lágrimas.

—Ve y di a mis amigos que estoy vivo —dijo Jesús muy contento.

María regresó de inmediato a contarle lo ocurrido a los amigos de Jesús, pero ellos no creyeron.

—¿Vivo? ¡Eso no puede ser verdad! —dijeron entre dientes.

En el camino a Emaús

Esa tarde, dos hombres dejaron Jerusalén para ir a un pueblo cercano llamado Emaús. Mientras iban juntos y conversando por el camino, un desconocido se unió a ellos.

—¿Qué discuten? —les preguntó.

—¿No has oído hablar sobre Jesús de Nazaret? —dijeron ellos—. Nosotros pensábamos que era el rey que Dios había enviado para ayudarnos, pero él ha sido crucificado. Ahora algunas mujeres están diciendo que él está vivo otra vez. En verdad su cuerpo ha desaparecido. Es algo muy misterioso.

—Pero, ¿no dicen nuestras Sagradas Escrituras que el rey prometido por Dios debía morir y resucitar? —preguntó el desconocido. Y les explicó muchas cosas mientras continuaban el viaje.

Cuando llegaron a Emaús había oscurecido y ellos pidieron al desconocido que se quedara con ellos. Entonces, fueron para la casa y compartieron la cena.

El desconocido tomó el pan, dio gracias a Dios y lo partió, justo

como Jesús acostumbraba a hacer.
Entonces ellos vieron que aquel
hombre era Jesús. Ellos se pusieron
muy contentos, pero él desapareció
de inmediato.

Los dos hombres regresaron
sin demora a Jerusalén. Querían
contar a los demás lo ocurrido, pero
aquellos tenían también sus propias
noticias emocionantes.

—¡Jesús está vivo! ¡Simón Pedro lo vio también!

—Sabemos que Él está vivo.
¡Se encontró con nosotros en el
camino y nos habló! —contestaron
los dos hombres.

Jesús se reúne con sus amigos

De repente, Jesús estaba en la habitación con ellos. Estaban muy asustados y pensaron que era un fantasma.

Enseguida Jesús les habló.

—No soy un fantasma. Tóquenme. ¡Ustedes no pueden tocar a un fantasma!

Aún, apenas podían creer. Él permanecía allí mostrándoles las marcas de los clavos en sus manos y pies.

—¿Tienen algo de comer, amigos?—preguntó Jesús.

Ellos le dieron un poco de pescado y lo observaban asombradísimos mientras él comía.

—Muy pronto deben ir y contar a todos que yo morí y resucité, para que sus pecados sean perdonados —les dijo Jesús—. Pero deben esperar aquí en Jerusalén hasta que Dios envíe al Espíritu Santo a estar con ustedes en mi lugar. Él les dará la ayuda que necesitan.

Jesús y Tomás

Tomás, uno de los amigos de Jesús, estaba ausente cuando Jesús se encontró con los demás. Él no creyó sus noticias.

—¡A menos que yo mismo toque las cicatrices de los clavos en sus manos, no creeré que Jesús está vivo!—dijo Tomás.

Ocho días después, Tomás estaba con los demás y Jesús vino de nuevo.

—Mira Tomás —dijo él—. Aquí están las marcas de los clavos. Toca estas cicatrices y cree.

Tomás se postró de rodillas.

—Tú eres mi Señor y mi Dios —declaró él.

—Tomás, ahora crees porque me ves —dijo Jesús—. ¡Qué felices serán aquellos que puedan creer en mí sin verme!

Jesús y Pedro

Más tarde, algunos de los amigos de Jesús regresaron a su hogar en Galilea, para volver a la pesca. Una noche, ellos salieron en su barca, pero no pudieron atrapar ni un solo pez. Al amanecer, alguien desde la orilla les gritó: —¡Echen sus redes a la derecha!

Ellos lanzaron la red y al instante estaba repleta de peces.

—¡Ese es Jesús! —dijo Juan a Simón Pedro.

Simón se tiró al agua y nadó hacia Jesús. En la playa, Jesús había encendido fuego y tenía algunos peces ya cocinados.

—Trae más pescado —dijo él. Simón Pedro regresó a la barca y trajo la pesada red a la orilla.

—¡El desayuno está listo! —llamó Jesús.

Después del desayuno, Jesús preguntó tres veces a Pedro con mucha calma:

—Simón, ¿me amas?

—Sí, Señor —respondió Simón Pedro en cada ocasión, recordando

con tristeza que había negado tres veces a Jesús.

—Entonces, cuida a mis seguidores —dijo Jesús. En ese momento Simón Pedro supo que Jesús aún confiaba en él.

Jesús regresa al cielo

Pronto llegó el momento para Jesús de dejar a sus amigos y regresar al cielo para estar con Dios. Un día, él y sus más íntimos amigos salieron de la ciudad. Subieron a un monte. Jesús oró para que sus

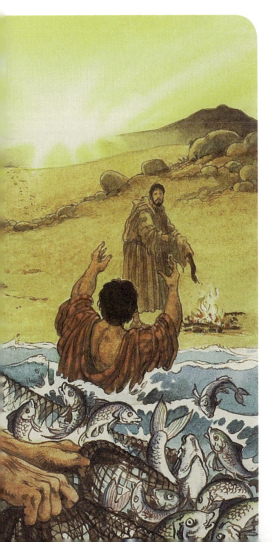

amigos siempre conocieran el amor y la paz de Dios y les dio una encomienda:

—Ustedes deben decir a todos las buenas noticias —dijo Jesús—. Recuerden, yo estoy vivo para siempre y estaré con ustedes hasta el final del tiempo, tal y como les dije.

Entonces, desapareció ante la vista de ellos. No lo verían de nuevo en la tierra, pero sabían que el Espíritu Santo vendría y los ayudaría.

Ellos regresaron a Jerusalén. Iban al templo a diario para agradecer a Dios por Jesús. Sabían que Dios lo había enviado a morir y resucitar para que todos los que creyeran en él fueran libres del poder de sus errores, de la muerte y la maldad.

Ellos cantaban, con la certeza de que a partir de ese momento, el mundo entero sería diferente. Proclamaban una y otra vez:

"¡Jesús está vivo!"

muy cerca la presencia de Dios. El ayudante especial de Dios, el Espíritu Santo, había venido tal como Jesús había prometido. Ellos comenzaron a alabar a Dios emocionados y de inmediato descubrieron que hablaban en diferentes lenguas. El Espíritu Santo de Dios los había capacitado para ello. Con la alabanza aún en sus labios, salieron a la calle.

El ruido de sus risas y sus felices exclamaciones pronto atrajo a una multitud hacia ellos. Personas de muchas naciones extranjeras habían venido a Jerusalén para la fiesta judía de Pentecostés. Se sorprendieron al escuchar a los amigos de Jesús hablar de Dios en sus respectivos idiomas. Algunos intentaron convertir esto en una broma.

—¡Estos hombres están borrachos!—vociferaban ellos—. Por eso gritan y hablan de esa forma.

—¡No! —dijo Pedro confirmeza—. No estamos borrachos. ¿Cómo podríamos estarlo tan temprano en la mañana? Dios nos ha enviado su Espíritu y ahora podemos hablarles de Jesús. Él es el Hijo de Dios y ustedes lo mataron aquí en Jerusalén. A pesar de todo, Dios le ha resucitado tal como prometió en nuestras Sagradas Escrituras.

Al escuchar lo que Pedro decía, se asustaron y lamentaron lo ocurrido.

—¿Qué debemos hacer? —preguntaron ellos.

LOS PRIMEROS CRISTIANOS
El nuevo ayudante

Una mañana, seis semanas después, los amigos de Jesús se reunieron a orar como de costumbre. De repente, el estruendo de un viento recio llenó la habitación donde se encontraban. Lenguas de fuego se lanzaron sobre ellos y sintieron

—Si ustedes creen en Jesús deben cesar de portarse mal —contestó Pedro—. Luego bautizarse en su nombre y Dios los perdonará. Él les dará su Espíritu Santo para que los ayude a hacer las cosas que agraden a Él. Muchos estuvieron de acuerdo.

—Debemos hacer lo que Pedro dice.

Cerca de tres mil personas decidieron ser bautizadas ese día. Estaban también fortalecidas por el poder del Espíritu Santo y escuchaban entusiasmadas mientras Pedro y los demás les enseñaban acerca de Jesús.

Una gran felicidad invadía a los nuevos seguidores de Jesús al sentirse perdonados por Dios y ser ayudados por el Espíritu Santo para agradarle. Repartían entre todos lo que tenían. Se reunían en las casas para compartir los alimentos y orar juntos. Cada día iban al templo a alabar a Dios y era grande su regocijo al ver que aumentaba más y más el número de seguidores de Jesús.

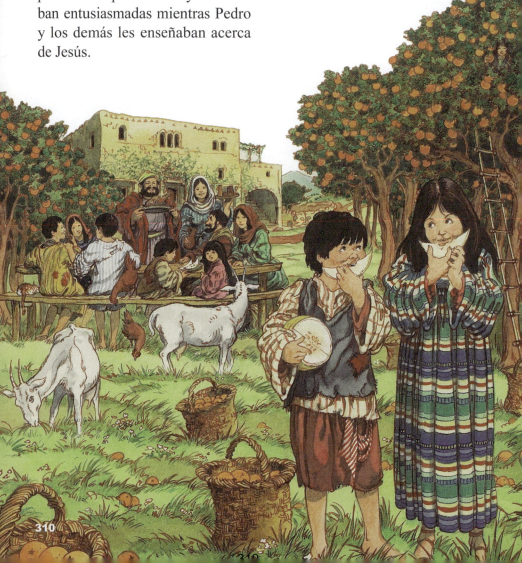

Pedro y Juan sanan a un paralítico

Un día, Pedro y su amigo Juan iban camino al templo cuando se encontraron a un mendigo paralítico. Tenía la costumbre de sentarse junto a una de las puertas del templo todo el día, rogando:

—¡Deme un poco de dinero, por favor! No he caminado en toda mi vida. ¡Deme una moneda para así comprar alimento!

Pedro y Juan se detuvieron, y el mendigo los observó esperanzado.

—No tengo dinero —dijo Pedro—, pero te doy lo que tengo. En el nombre de Jesús te ordeno: ¡Levántate y camina!

Él ayudó al mendigo a levantarse. Al instante, el hombre sintió fluir la fuerza en sus débiles pies y tobillos. Soltó la mano de Pedro y comenzó a caminar. Pronto estaba saltando y dando grandes voces:

—¡Miren, puedo caminar! ¡De verdad puedo moverme de un lado a otro!

¡Qué bueno es Dios! ¡Gracias, Dios! Tú me has hecho caminar como los demás, después de haber sido paralítico toda la vida.

Él corrió hacia el templo. Todos los que lo conocían estaban sorprendidos al verlo caminar y alabar a Dios.

Pedro y Juan en dificultades

Pedro explicó al pueblo que estaba en el templo, que el poder de Jesús había hecho caminar al paralítico. Algunos de los sacerdotes que lo escucharon se pusieron furiosos. ¡Ellos pensaban que se habían librado de Jesús! Hicieron arrestar a Pedro y a Juan. Estuvieron en prisión toda la noche. A pesar de esto, muchos del pueblo que vieron lo ocurrido al paralítico se convirtieron también en seguidores de Jesús.

Al día siguiente, todos los líderes judíos, incluyendo al sumo sacerdote, se reunieron e interrogaron a Pedro y a Juan.

—¿Dónde consiguieron el poder para hacer que el paralítico caminara?—demandó el sumo sacerdote.

—Nosotros sanamos al hombre en el nombre de Jesús —explicó Pedro. Entonces el Espíritu Santo le añadió valor y Pedro dijo:

—¡Ustedes ordenaron la muerte de Jesús, pero Dios le devolvió la vida y ahora Jesús es el único que puede ayudarnos y salvarnos!

Los líderes escucharon llenos de asombro.

—¿Qué haremos? —se decían el uno al otro—. No podemos castigar a hombres que sanaron a un paralítico. Esto se ha convertido en el tema de conversación en Jerusalén. Debemos detener esta fe nueva, antes que más personas cesen de adorar a Dios a nuestra forma y comiencen a seguir a Jesús.

Por ello, dijeron a los dos amigos que nunca más usaran el nombre de Jesús.

—Ustedes son nuestros líderes —dijeron Pedro y Juan—. Pero Dios es lo primero, y debemos hacer lo que Él quiere. ¡No podemos cesar de hablar a todos acerca de Jesús!

Los líderes tuvieron que permanecer callados.

Rápidamente, Pedro y Juan regresaron a sus amigos. Juntos oraron para que Dios les diera el valor necesario para continuar hablando acerca de Jesús, sin importarles lo que los líderes intentaran hacer.

313

Más problemas

Dios contestó sus oraciones, y más y más personas creyeron en Dios. De todas partes del país, las multitudes comenzaron a traer amigos enfermos y todos fueron sanados.

El sumo sacerdote y sus seguidores estaban tan furiosos que arrestaron nuevamente a Pedro y a Juan y los encerraron en prisión. Esa noche Dios envió un ángel a su celda.

—Regresen al templo. Párense

donde todos puedan verlos y hablen de Jesús —dijo el ángel, y abrió las puertas de la cárcel.

Pedro y Juan obedecieron al instante. A la mañana siguiente, cuando el sumo sacerdote se levantó y envió a sus hombres a la prisión, nadie pudo encontrar a los prisioneros. Mientras ellos se preguntaban qué habría ocurrido y revisaban todas las cerraduras, un hombre entró corriendo:

—Aquellos hombres que ustedes encerraron anoche están parados en el templo en este mismo momento, enseñándoles a todos acerca de Jesús —dijo casi sin aliento.

El sumo sacerdote envió por ellos de inmediato.

—Nosotros les ordenamos que no enseñaran acerca de Jesús —vociferó el sumo sacerdote.

—Nosotros debemos hacer lo que Dios quiere. Él resucitó a Jesús y debemos proclamar lo que Él ha hecho—respondió Pedro sin temor:

Cuando los sacerdotes oyeron esto, quisieron mandar a matar a Pedro y sus amigos, pero uno de los líderes, un sabio maestro llamado Gamaliel a quien todos respetaban, les advirtió que tuviesen mucho cuidado.

—Si esta nueva fe es solo una historia inventada, pronto desaparecerá y será olvidada. Pero si viene de Dios nadie podrá detenerla. ¡Tengan cuidado! ¡Ustedes pueden estar enfrentándose al mismo Dios!

Los sacerdotes azotaron a Pedro y a Juan y luego los dejaron ir. Ellos estaban contentos porque Dios los había dejado sufrir por creer en Jesús. Ellos no tuvieron noticias de los sacerdotes, pero continuaron hablando a todos de las buenas nuevas.

Esteban

El nuevo grupo de seguidores de Jesús pronto enfrentó otros problemas. Aunque todos eran judíos, venían de ciudades diferentes y algunos hablaban hebreo y otros griego. Algunas familias eran ricas, pero la mayoría eran muy pobres. Repartían sus alimentos a diario, pero las familias que hablaban griego se quejaban de no recibir lo suficiente. Por último, Pedro y sus diez amigos, los primeros seguidores de Jesús, reunieron a todo el grupo.

—Escojan siete hombres conocidos que sean sabios y estén llenos del Espíritu Santo y pónganlos a cargo del dinero y de los

suministros de alimentos. Entonces todos tendrán lo que necesiten—dijeron ellos.

Uno de los escogidos se llamaba Esteban. Él amaba mucho a Jesús y era capaz de hacer cosas maravillosas por los enfermos y necesitados. Hablaba con tanta valentía acerca de Jesús, que los sacerdotes y líderes lo tuvieron en cuenta y se volvieron sus enemigos.

Era costumbre que los jóvenes judíos fueran a Jerusalén, a que los sacerdotes les enseñaran más acerca de la ley. Un joven estudiante llamado Saulo, oyó acerca de los seguidores de Jesús. Al igual que los sacerdotes, él decidió que ellos estaban equivocados y tenían que ser detenidos. Un día, Saulo escuchó a Esteban enseñando en una sinagoga, diciendo a todos que Jesús estaba vivo.

—Jesús está con Dios ahora —declaró Esteban—, pero todavía nos ayuda a vivir agradando a Dios.

Saulo comenzó a enojarse con Esteban.

—¡Este hombre debe ser detenido!—susurró a un amigo que estaba con él—. Esteban y los demás que siguen a Jesús están echando a perder la forma en que nosotros, los judíos, hemos adorado y agradado a Dios por años.

El amigo de Saulo asintió. Otros líderes judíos estuvieron de acuerdo con Saulo. Ellos hicieron un complot para arrestar a Esteban. Pronto él iría a juicio por su vida.

Esteban enfrentó a sus jueces sin temor.

—Nosotros podemos leer en nuestra Sagrada Escritura que Dios envió maestros a nuestro pueblo para mostrarnos cómo agradarle a Él. Ahora, en este tiempo, nos envió a su propio Hijo, Jesús, pero ustedes todavía no quieren escuchar. ¡En vez de ello, lo mataron!

—¡Y te mataremos a ti también! —amenazaron ellos, pero Esteban miró a lo alto y sus ojos resplandecieron.

—¡Veo a Jesús en el cielo a la diestra de Dios! —dijo él.

En esto, ellos lo sacaron de la ciudad. Los testigos pusieron sus mantos a los pies de Saulo. Recogieron pesadas piedras y las lanzaron a Esteban. Muy mal herido, comenzó a orar: "Señor Jesús, llévame contigo. No los castigues por esto, Señor!"

Saulo lo escuchó muy enojado. Él estaba contento al ver morir a Esteban.

No había seguridad para los seguidores de Jesús. Saulo y sus amigos querían destruir por completo la nueva fe. Los creyentes eran encerrados en las prisiones y castigados. Muchos de ellos fueron obligados a abandonar Jerusalén, pero dondequiera que iban hablaban de Jesús y la nueva fe se esparcía por toda la ciudad.

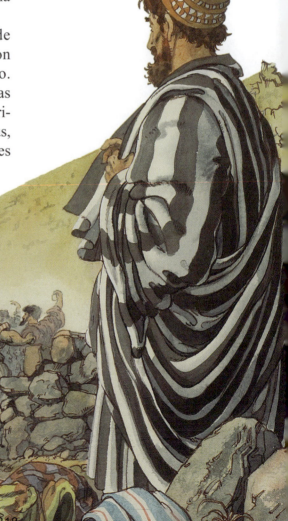

Felipe en Samaria

Un hombre llamado Felipe, fue a Samaria a hablar a todos acerca de Jesús. Ellos se sorprendieron cuando vieron a los paralíticos caminar, y los espíritus malignos expulsados por medio del poder de Jesús.

Felipe bautizó a todo el que quiso seguir a Jesús. Había tantos nuevos creyentes que Pedro y Juan llegaron de Jerusalén a encontrarse con ellos. Oraron para que ellos recibieran también al Espíritu Santo, y pudieran así tener su poder para servir a Dios.

El tesorero etíope

En ese tiempo, un hombre muy importante salió de Jerusalén en dirección a su casa. Era el tesorero de la reina de Etiopía. Amaba a Dios y quería saber más de Él. Mientras su carro rodaba hacia su hogar él iba leyendo las Escrituras. Dios guió a Felipe hacia el tesorero y corrió hacia su carro. Cuando Felipe vio lo que el tesorero leía, le preguntó si comprendía.

—¿Cómo puedo entenderla si nadie me ayuda? —contestó el etíope. Él invitó a Felipe a subir al carro y a interpretarle el capítulo que estaba leyendo. Felipe estuvo de acuerdo, y mientras le explicaba, contó al tesorero acerca de Jesús.

Después de un rato, pasaron por un lugar donde había agua.

—Creo en todo lo que tú me has dicho —dijo el tesorero—. ¡Mira, hay agua! ¿Puedes bautizarme para que yo también pueda ser un seguidor de Jesús?

Ellos bajaron del carro y Felipe lo bautizó. Entonces el tesorero siguió feliz hacia su casa, impaciente por contarles a sus amigos de Etiopía sobre su nueva fe.

Saulo encuentra a Jesús

Mientras tanto, Saulo continuaba en Jerusalén persiguiendo a todos los seguidores de Jesús. Al ver que la nueva fe estaba creciendo también en otras ciudades, pidió al sumo sacerdote que lo dejara ir a Damasco para arrestar a los creyentes que había allí.

—¡Yo los arrastraré hacia acá en cadenas! —exclamó Saulo.

El sumo sacerdote le dio permiso, Saulo salió rumbo a Damasco. De repente, cuando estaba en camino, una luz extraordinaria brilló en sus ojos y lo hizo caer a tierra, cegado por su resplandor. Entonces, escuchó una voz que le decía:

—¿Saulo, Saulo, ¿por qué me persigues?

—¿Quién eres tú, Señor? —preguntó Saulo asombrado.

—Yo soy Jesús —fue la respuesta—. Cuando tú persigues a mis seguidores, me persigues a mí también. Ahora, levántate y ve a Damasco. Allí se te dirá lo que vas a hacer.

Los hombres que viajaban con Saulo oyeron la voz, pero no vieron a nadie. Observaron cómo Saulo se levantó vacilante. Estaba ciego y tuvieron que conducirlo hacia Damasco.

Durante tres días él permaneció en una casa de aquella ciudad, sin comer y beber nada, empleando todo el tiempo en orar. Mientras tanto, el Señor Jesús estaba preparando a alguien para ayudarlo. Un hombre llamado Ananías vio a Jesús en un sueño.

—Ve y ayuda a Saulo —dijo Jesús—. Él se encuentra en la calle Derecha.

—¡Oh no, Señor, he oído conversaciones sobre ese hombre! ¡Es nuestro peor enemigo! —contestó Ananías.

—Ve y ayúdalo —repitió Jesús—. Yo lo he escogido para que hable a personas de todo el mundo acerca de mí.

Entonces Ananías fue a encontrar a Saulo y le puso las manos sobre la cabeza.

—Hermano Saulo, el Señor Jesús me envió a ti.

Él quiere que tú recuperes la vista.

Al instante cayeron de sus ojos como unas escamas y recobró la visión. Pidió ser bautizado como señal de ser seguidor de Jesús. Solo entonces comió algo.

Saulo huye de Damasco

Saulo permaneció en Damasco y visitó todas las sinagogas en la ciudad, contando a todos lo ocurrido.

—Ahora yo sé que Jesús es el Hijo de Dios —decía.

Muchos al escucharlo creyeron también, pero otros rehusaron seguir a Jesús.

—Saulo nos ha traicionado y se ha unido a esos confundidos que siguen a Jesús —dijeron ellos—. Debemos matarlo antes que su historia se difunda más. Mantendremos vigiladas todas las puertas de la ciudad. ¡Él no puede salir de Damasco!

Pero los nuevos amigos de Saulo hicieron planes también. Una noche, cuando estaba muy oscuro, ellos escondieron a Saulo en una canasta y lo bajaron por la muralla de la ciudad. Saulo huyó y regresó enseguida a Jerusalén para unirse a los demás creyentes. Tenía la esperanza de que no fuera muy difícil que confiaran en él.

Al principio, ellos estaban temerosos de confiar en Saulo, pero había un hombre llamado Bernabé que creyó su historia. Él condujo a Saulo a los líderes del grupo y les contó lo sucedido.

—Saulo ya ha arriesgado su vida por el Señor Jesús —explicó Bernabé afectuosamente.

Por último, los creyentes dieron la bienvenida a Saulo. Él habló a todos sobre Jesús, en especial a los hombres que planearon la muerte de Esteban. Ellos se enojaron mucho e intentaron matarlo a él también. Por ello sus nuevos amigos lo enviaron de regreso a casa de su familia, en el gran puerto marítimo de Tarso, donde él estaría a salvo.

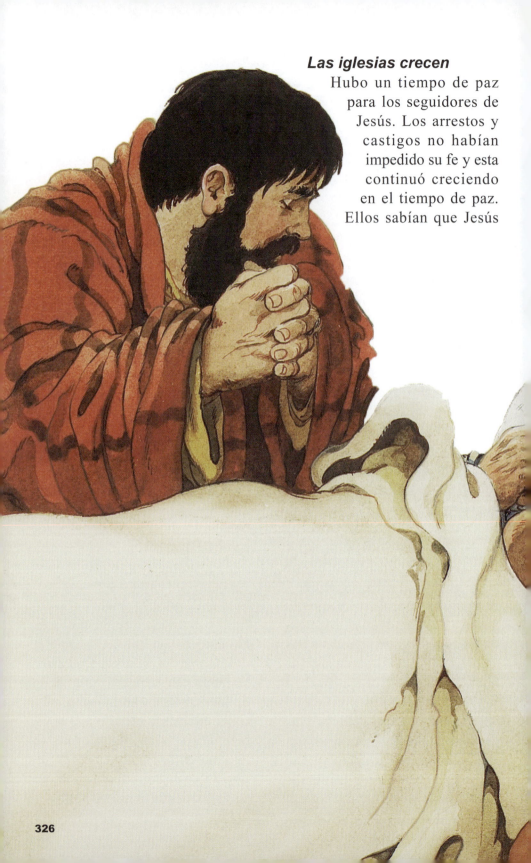

Las iglesias crecen

Hubo un tiempo de paz para los seguidores de Jesús. Los arrestos y castigos no habían impedido su fe y esta continuó creciendo en el tiempo de paz. Ellos sabían que Jesús estaba con ellos, no importaba el lugar. Cuando hacían nuevos amigos les contaban sobre Jesús, y pronto hubo grupos a todo lo largo y ancho que seguían a Jesús y amaban a Dios. Se cuidaban unos a otros y compartían sus pertenencias exactamente como hicieron los primeros seguidores en Jerusalén.

Estos grupos se llamaban "iglesias". Más y más personas se unían a ellos.

En ese entonces, Pedro estaba muy ocupado. Él dejó Jerusalén y viajó a todas las ciudades alrededor. En la ciudad de Lida, sanó a un hombre que hacía ocho años que estaba en cama, paralítico. Después de eso, muchos más creyeron en Jesús.

Dorcas

Cerca de Lida, en el puerto de Jope vivía una mujer llamada Dorcas. Le gustaba ayudar a los pobres pues amaba a Jesús. Un día, ella enfermó gravemente y poco después, murió. Cuando sus amigos se enteraron pidieron a Pedro que fuera a Jope.

Tan pronto él llegó, una afligida multitud de mujeres le mostraron las ropas que Dorcas había cosido para ellas. Pedro se dirigió a la habitación donde reposaba el cuerpo de Dorcas.

Él se arrodilló junto a su cama y oró. Entonces dijo a la mujer muerta:

—¡Dorcas, levántate! —al instante, Dorcas abrió los ojos y se sentó. Pedro la ayudó a levantarse y llamó a sus amigos.

La maravillosa noticia se esparció por toda la ciudad de Jope y muchas personas creyeron en Jesús. Todos querían que Pedro les contara más sobre Jesús, y él estuvo de acuerdo en quedarse en Jope.

El sueño de Pedro

Las casas en esa parte del mundo tenían techos planos donde podía guardarse ciertas pertenencias, y utilizarse también como habitación adicional en tiempo de calor. Un día, Pedro subió al techo de la casa donde él estaba viviendo en Jope, para orar. Mientras estaba allí Dios le envió un sueño especial. Vio una gran sábana que descendía del cielo repleta de animales. Una voz le dijo que matara a un animal para su cena. Al principio, Pedro se sintió a gusto porque tenía hambre, pero entonces vio que todos eran animales prohibidos para comer, por la ley que Dios dio a los judíos.

—No, Señor —dijo él—. ¡Yo no puedo comer eso! ¡Son cosas impuras!

Pero Dios le dijo que no llamara impuro lo que Él había limpiado. Finalmente, Pedro se despertó. Se preguntaba cuál sería el significado de su sueño, cuando unos hombres vinieron a verlo. Habían sido enviados por un oficial romano llamado Cornelio, quien deseaba que Pedro fuera a su casa y le hablara de Jesús. A los judíos no se les permitía mezclarse con extranjeros, pero Pedro recordó su sueño. En ese momento comprendió que en los ojos de Dios no había diferencias entre judíos y extranjeros. Dios los hizo a todos, de la misma forma que hizo diferentes especies de animales.

Entonces, Pedro fue con los hombres a encontrarse con el oficial romano.

Pedro y Cornelio

Cornelio se puso muy contento al ver a Pedro. Aunque él era romano, amaba y adoraba a Dios. Lo llevó a su casa, donde también esperaban sus familiares y amigos para oír acerca de Dios y de su Hijo Jesús.

—Dios me ha mostrado que Él ama a todos, no importa a qué pueblo o raza pertenezcan —dijo Pedro. Y comenzó a hablarles de Jesús.

Mientras Pedro hablaba, el poder de Dios llenó la habitación y el Espíritu Santo vino a Cornelio, sus familiares y amigos. Alabaron a Dios en otros lenguajes, así como había sucedido a los amigos de Jesús en Jerusalén. Los creyentes judíos de Jope que habían ido con Pedro estaban muy sorprendidos, pero Pedro bautizó a Cornelio y sus seres queridos, en el nombre de Jesús.

329

Pedro en prisión

Pronto el tiempo de paz llegó a su final y de nuevo comenzaron los problemas para los seguidores de Jesús. En Jerusalén la vida se volvió más peligrosa, porque el rey Herodes Agripa comenzó a ayudar a los sacerdotes a expulsar a los seguidores de Jesús. Santiago el pescador, que había abandonado sus redes años atrás para seguir a Jesús, fue asesinado, y Pedro, al regresar de Jope, fue arrestado. Él fue estrictamente vigilado por cuatro soldados.

Los seguidores de Jesús se encontraron para orar por él y tuvieron una reunión especial en la tarde, antes de su juicio.

Esa misma noche, Pedro dormía encadenado entre dos guardias. Más soldados vigilaban las puertas. De repente, una gran luz brilló en su celda. Un ángel sacudió a Pedro, despertándole.

—¡Levántate enseguida!

Las pesadas cadenas cayeron de las muñecas de Pedro. ¡Estaba libre! No estaba seguro de haber despertado en realidad o si todavía estaba soñando. Pedro siguió al ángel, que pasó junto a los centinelas que dormían. La puerta de la prisión se abrió a todo lo ancho para que ellos salieran. Pedro se encontró solo en la calle vacía. El aire frío lo convenció de que no era un sueño. ¡Dios lo había libertado! Corrió a encontrarse con sus amigos.

Con prisa, tocó a la puerta de la casa donde sus amigos continuaban orando por él.

—¿Quién es? —preguntó la voz de la joven criada llamada Rode.

Cuando escuchó que Pedro le respondía se asombró y salió corriendo a contárselo a los demás, pero ellos, sencillamente, no podían creer.

—Es verdad, todavía está tocando a la puerta —dijo ella.

¡Estaba tan emocionada que se le había olvidado dejarlo entrar!

Abrieron la puerta y se pusieron muy contentos al ver que era Pedro. Él les contó cómo Dios lo había rescatado. Luego partió a un lugar seguro, mientras sus amigos alababan a Dios y comentaban las cosas maravillosas que Él había hecho por ellos.

PABLO, EL VIAJERO
Saulo va a Antioquía

Muy pronto la noticia del establecimiento de una iglesia en la ciudad de Antioquía, llegó a los creyentes en Jerusalén. Allí amaban tanto a Jesús que estaban siempre hablando de él, y se habían dado el sobrenombre de "cristianos".

—Esta es una buena noticia —dijeron los líderes de la iglesia en Jerusalén—.

Enviaremos a Bernabé, el amigo de Saulo, a Antioquía para ayudar a los nuevos creyentes a aprender más de Jesús.

—Por supuesto. Iré —dijo Bernabé—, pero pienso que podría necesitar ayuda para realizar esta obra especial.

Se dirigió a Tarso en busca de Pablo.

—¿Por qué no vienes y me ayudas a trabajar con los nuevos amigos de Jesús en Antioquía? —le preguntó.

Saulo estuvo de acuerdo, a gusto. Durante un año entero Bernabé y Saulo trabajaron intensamente en Antioquía, hasta un día especial en que Dios habló a los cristianos mientras oraban.

—Yo quiero que Saulo y Bernabé hagan algo especial para mí. Ellos deben viajar muy lejos a otros países, para hablar a los pueblos sobre Jesús —dijo Dios.

Llenos de emoción, todos los cristianos colocaron sus manos

sobre los dos amigos y oraron por ellos. Entonces, emprendieron sus viajes. Los acompañaba Juan Marcos, el joven sobrino de Bernabé, para ayudarlos en su obra.

Saulo y Elimas

Primero, viajaron a la isla de Chipre donde Bernabé había nacido. El gobernador romano les dio una cálida bienvenida. Él quería oír acerca de Jesús, pero un amigo suyo, un mago llamado Elimas, estaba junto a él. El mago no quería que el gobernador creyera en Jesús y estaba todo el tiempo interrumpiendo. Esto enojó a Saulo. Él habló severamente a Elimas.

—Tú, engañador, cesa de intentar entorpecer la verdad. ¡Estás poniéndote contra Dios, por ello quedarás ciego por un tiempo!

Al instante, Elimas sintió como si una espesa niebla cubriera sus ojos. Comenzó a andar a tientas, buscando a su alrededor a alguien que lo guiara. El gobernador se quedó asombrado y se convenció de que Saulo debía estar diciendo la verdad sobre Jesús. A partir de entonces, Saulo comenzó a usar su nombre romano: Pablo. Aunque él viajó a muchas otras ciudades, nunca olvidó a su propio pueblo, los judíos.

342

Juan Marcos regresa a casa

Pablo y Bernabé planearon viajar a Turquía. Juan Marcos estuvo muy silencioso en el viaje. Cuando llegaron a la ciudad, él rehusó seguir con ellos. Quizás echaba de menos su casa, o estaba celoso de Pablo, quien parecía ser más importante que su tío Bernabé.

Muy tristes, Pablo y Bernabé continuaron su camino hacia la alta montaña que conducía a un distrito llamado Pisidia. Empezaron a enseñar a los judíos que vivían allí acerca de Jesús. Muchos de ellos escuchaban entusiasmados y las buenas nuevas se esparcieron como el fuego a todos los pueblos alrededor. Incluso aquí, los líderes judíos se enojaron.

—Esos dos viajeros, Pablo y Bernabé, provocan problemas en nuestra ciudad —decían los líderes a algunos de los ciudadanos ricos, que creían en ellos.

Pablo y Bernabé fueron expulsados violentamente de la ciudad. Ellos continuaron con valentía su camino.

—Dios está con nosotros —dijo Pablo—. Hay grupos de cristianos dondequiera en este momento y los nuevos creyentes de aquí continuarán reuniéndose, incluso aunque nosotros hayamos sido expulsados.

Pablo siempre recordó a los nuevos cristianos, aun si estaba lejos de allí. Oraba por ellos y les escribía cartas para animarlos.

Júpiter y Mercurio

Un día, Pablo y Bernabé llegaron a una ciudad llamada Listra, donde había un templo dedicado a Júpiter, el máximo dios romano. Mientras Pablo hablaba de Jesús, vio a un hombre paralítico entre la multitud. Él sintió la seguridad de que el hombre creía lo que él decía y por tanto, podía ser sanado.

—¡Levántate y anda! —le ordenó Pablo.

Inmediatamente, el hombre saltó sobre sus pies, curado por completo.

—Esos hombres deben ser en verdad dioses disfrazados —gritó la multitud.

Y decidieron que Bernabé debía ser Júpiter por ser el más alto y que Pablo sería Mercurio, el mensajero de los dioses, porque llevaba la palabra.

El sacerdote de Júpiter trajo flores y toros para ofrendar a Pablo y Bernabé.

¡Los dos amigos estaban aterrorizados! Ellos corrieron hacia la multitud, rasgando sus vestiduras y gritando:

—¡Deténganse! No somos dioses, sino gente corriente como ustedes, que venimos a hablarles del único Dios verdadero, que los ama y les provee las cosas buenas que necesitan para vivir!

¡Solo así lograron detener a la multitud que quería adorarlos!

Pablo y Bernabé en desacuerdo

Después de muchas aventuras juntos, los dos amigos regresaron al hogar en Antioquía. Habían estado lejos durante dos años. Viajaron miles de kilómetros. Debido a su trabajo muchas nuevas iglesias se habían establecido.

Los cristianos de Antioquía estaban rebosantes de alegría al oír

que Dios ofrecía su ayuda y poder a tantos nuevos seguidores de Jesús.

Pablo y Bernabé se quedaron poco tiempo con ellos y después decidieron emprender viaje otra vez, para visitar todas las iglesias nuevas y ver cómo se estaban desenvolviendo.

Bernabé quería llevar a Juan Marcos de nuevo con ellos.

—¡Eso no sería justo de ninguna manera! —dijo Pablo con aspereza—.

Él no aguantó la última vez. ¡Nos abandonó tan pronto pusimos los pies en Turquía y tuvimos que atravesar aquellas altas montañas!

—Bien, yo pienso que debíamos darle otra oportunidad. Después de todo, el muchacho es mayor ahora... Pablo no lo dejó terminar y rechazó su propuesta.

Después de expresar sus opiniones, decidieron seguir por diferentes caminos. Bernabé viajó a Chipre y llevó consigo a Juan Marcos, mientras que Pablo escogió un nuevo compañero de viaje llamado Silas.

Dos nuevos ayudantes

Pablo y Silas visitaron nuevamente las nuevas iglesias en Turquía. Cuando llegaron a Listra, todos hablaban de un jovencito llamado Timoteo.

—¡Es un cristiano tan bueno! —le comentaron a Pablo—. Su madre es judía y ahora es cristiana también. Su padre era griego.

Pablo escuchó pensativo.

—¡Me gustaría conocer a ese joven! —dijo Pablo a Silas—. ¡Podemos usar a alguien como él, que pertenece a los judíos y a los griegos!

Cuando Pablo encontró a Timoteo, le simpatizó de inmediato. Le pidió que se uniera a ellos en sus viajes. Timoteo estaba feliz, aun sabiendo que esto era difícil y peligroso. Él y Pablo se encariñaron mucho, y Pablo siempre lo trató como a un hijo.

Al poco tiempo, otro ayudante se unió a los tres viajeros. Era un médico griego llamado Lucas. Este se convirtió en un amigo fiel. Además, escribió la historia de las aventuras de Pablo que tenemos en nuestras Biblias en la actualidad.

Los amigos van a Grecia

Una noche, poco tiempo después de encontrar a Lucas, Pablo tuvo un sueño. Vio a un hombre de Macedonia, en Grecia, que le rogaba que fuera a contarles a los macedonios las buenas nuevas de Jesús. Pablo supo enseguida que esto era lo que Dios quería que él hiciera. Él y sus amigos se prepararon para emprender el viaje.

Viajaron a Grecia y se dirigieron a una ciudad llamada Filipos. Allí permanecieron unos días. El sábado, día de reposo, se encontraron a un grupo de mujeres judías orando junto al río porque no tenían otro lugar de reunión. Pablo y Silas se unieron a ellas y no perdieron tiempo para hablarles de Jesús.

Una de las mujeres que se llamaba Loida creyó y fue bautizada.

Se ganaba la vida vendiendo bellos vestidos púrpura que solo usaban las personas muy ricas. Ella invitó a Pablo y sus amigos a permanecer en su casa mientras estuvieran en Filipos.

Pablo y Silas en prisión

Los problemas estaban acechando a Pablo y Silas. Una pobre jovencita esclava comenzó a seguirlos por los alrededores. Ella podía adivinar el destino de las personas. Ganaba para sus amos una gran cantidad de dinero, de personas que querían conocer lo que el futuro les deparaba. Siempre que la joven veía a Pablo y Silas exclamaba: "¡Aquí están dos siervos del Dios Altísimo!"

Pablo se disgustó por esto. Él sabía que los poderes de la joven venían de un espíritu diabólico y no de Dios. Por último, no pudo resistir más. Por medio del poder de Jesús, liberó a la muchacha del espíritu de adivinación y al instante sus poderes mágicos la abandonaron.

Los amos de la muchacha se pusieron furiosos. Ya no podían ganar más dinero. Arrestaron a Pablo y a Silas y los llevaron a rastras a las autoridades de la ciudad. Los dos amigos fueron golpeados y después encadenados en prisión. Sin embargo, sabían que Dios estaba con ellos todavía y pasaron la noche cantando himnos de alabanza a Él.

El carcelero

De repente, a medianoche un violento temblor de tierra estremeció la prisión. Las puertas se abrieron y las cadenas se soltaron de los prisioneros. El carcelero entró corriendo para averiguar lo que había ocurrido. Él estaba seguro de que todos habían escapado y desenvainó su espada para matarse, pues sabía que le culparían por la huida de los prisioneros.

Pablo lo vio y le gritó:

—Detente. No te mates. ¡Todos estamos aquí!

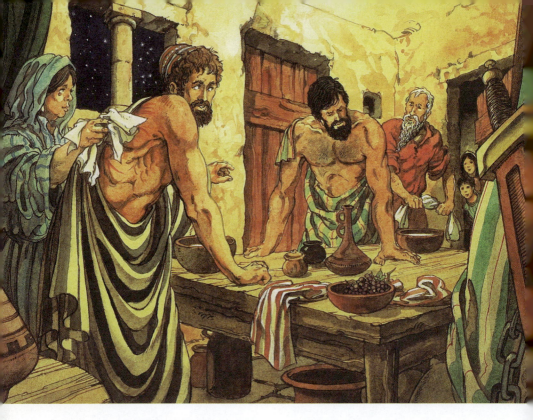

Sorprendido, el carcelero guardó su espada y pidió luces. Entró rápido en la celda y se arrodilló temblando ante Pablo y Silas.

—¿Qué debo hacer ahora? —preguntó.

—Cree en Jesús y tú y toda tu familia serán salvos por Dios —contestaron ellos simplemente.

De inmediato el carcelero llevó a Pablo y a Silas a su casa. Limpió sus heridas y ellos lo bautizaron y también a todos los de su casa.

En la mañana, las autoridades enviaron hombres al hogar del carcelero, para decirle que dejara ir a Pablo y a Silas. Para su sorpresa Pablo estaba enojado.

—Yo soy un ciudadano romano—dijo—, y eso significa que tengo derechos especiales. Un ciudadano romano no puede ser arrestado y castigado sin un juicio, pero ustedes me han pegado y me han hecho prisionero sin ninguna razón. Ahora quieren que me vaya y olvide este asunto. No me iré hasta que ustedes se disculpen por lo que me han hecho.

Las autoridades se asustaron al escuchar que Pablo era un ciudadano romano. Le pidieron disculpas y le rogaron que se fuera de la ciudad. Entonces, después de despedirse de Loida y de los demás cristianos nuevos, Pablo y sus amigos continuaron viajando hacia otra gran ciudad llamada Tesalónica, a cien kilómetros de allí.

Problemas en Tesalónica

Pasaron allí tres semanas, y una buena cantidad de personas creyeron su mensaje, incluyendo algunos griegos que adoraban a Dios a la manera judía. Algunas de las mujeres nobles de la ciudad estaban entre ellos, pero los líderes de la sinagoga no querían oír hablar de aquello. Estaban tan preocupados y disgustados por esta nueva enseñanza que revolvieron a todo el populacho contra Pablo y sus amigos.

—¡Tenemos que escondernos! —exclamó Pablo, al ver a la multitud que marchaba por la calle buscándolos, haciendo un gran escándalo.

Pablo, Silas, Lucas y Timoteo se escurrieron silenciosamente. La multitud tocó en todas las puertas llamándolos para que salieran. La única persona que pudieron encontrar fue a un hombre llamado Jasón, que había atendido a Pablo en su casa.

De inmediato lo llevaron ante los gobernadores de la ciudad.

—¡Este hombre es un enemigo del emperador romano! —gritaron ellos.

¡Él sigue a otro rey que se llama Jesús!

Los gobernadores estaban furiosos. Jasón no tuvo oportunidad para defenderse. Tuvo que pagar una fuerte suma antes de ser puesto en libertad. Tan pronto se vio libre, fue a buscar a Pablo y sus amigos y los ayudó a huir de la ciudad.

Pablo en Atenas

Pablo, Silas, Lucas y Timoteo, se fueron rápidamente hacia otra ciudad llamada Berea. La gente allí era amistosa y escuchó con entusiasmo las enseñanzas sobre Jesús. No obstante, el peligro aún perseguía a Pablo. Sus enemigos vinieron tras él e intentaron enemistar al pueblo contra él. Sus amigos dijeron:

—Pablo debes intentar escapar. Nosotros nos quedaremos y ayudaremos a los nuevos cristianos.

—Está bien. Me adelantaré hacia la costa porque pienso encontrar un barco, pero en realidad iré a Atenas —decidió Pablo.

—Es una ciudad tan famosa que debes hablar de Jesús en ese lugar —convinieron los demás—. Nosotros iremos y nos uniremos a ti tan pronto podamos.

Pablo se fue a Atenas. Mientras esperaba que Silas y Timoteo se reunieran con él allí, empleó su tiempo en recorrer la ciudad. Cuando se percató de los cientos de estatuas de diferentes dioses y diosas que el pueblo adoraba, Pablo sintió el deseo de hablarles del verdadero Dios.

Los atenienses disfrutaban la discusión de toda clase de ideas. Le pidieron a Pablo que viniera y hablara al concejo de la ciudad. Pablo fue de buena gana. Él les habló de Jesús que vino a morir para que sus malas acciones fueran perdonadas. Les contó cómo Dios lo había resucitado. Algunos creyeron a Pablo, pero muchos de ellos se rieron de él. Pensaban que él estaba hablando tonterías.

—¿Quién es este idiota? —preguntaron ellos.

A Pablo no le importó. Él sabía que seguir a Jesús era más importante que ser considerado inteligente.

Priscila y Aquila

Muy pronto, Pablo se mudó para el concurrido puerto de Corinto, precisamente al norte de Atenas. Aquí, se hizo amigo de un judío llamado Aquila y de su esposa Priscila. Aquila hacía tiendas, y como Pablo había aprendido el mismo negocio cuando era niño, se quedó con ellos y los ayudaba en su trabajo. Juntos se sentaban y cosían las pesadas tiendas.

Por ese entonces, Silas, Timoteo y Lucas se habían reunido con Pablo. Todos fueron a Corinto a enseñar sobre Jesús. Se quedaron allí durante un año y medio, hablándole a cualquiera que quisiera escuchar y ayudando a los nuevos creyentes a crecer en el camino de la fe, en una ciudad donde la mayoría de la gente adoraba a otros dioses.

Como ya era habitual, los líderes judíos intentaron detener a

Pablo. Fueron al gobernador romano de Corinto a quejarse de él. Sin embargo, esta vez el gobernador estuvo de parte de Pablo.

—Si Pablo hubiera cometido un crimen yo habría hecho algo para castigarlo —dijo él—. ¡Pero esto es algo que ustedes deben resolver por sí mismos!

Entonces Pablo pudo continuar hablando con libertad de Jesús.

—Hemos estado muy bien aquí —dijo Pablo un día—, pero debo regresar a Jerusalén.

—Nosotros te acompañaremos hasta Éfeso —dijeron Priscila y Aquila—. Ese será nuestro nuevo hogar.

Los amigos navegaron y viajaron juntos hasta Éfeso. Pablo no estuvo mucho tiempo allí. Él quería regresar a Jerusalén tan rápido como pudiera. No obstante, visitó una sinagoga y predicó allí sobre Jesús. Muchas personas al oírlo le rogaron que se quedara y les hablara más. Pablo les prometió que volvería.

Su barco lo llevó hasta el gran puerto de Cesarea, cerca de Jope y desde allí viajó por tierra hasta Jerusalén, donde vivían los líderes cristianos. ¡Él llevaba muchísimas noticias emocionantes para contarles a ellos!

Luego fue a Antioquía y pasó un poco de tiempo allí con sus amigos.

El tercer viaje de Pablo

Sin embargo, no pasó mucho tiempo para que él decidiera emprender un viaje otra vez. Fue a visitar las nuevas iglesias en las ciudades donde había enseñado sobre Jesús por primera vez. Los cristianos de allí rebosaban de alegría al verlo. Le dieron una calurosa bienvenida. Él los animó a ser valientes seguidores de Jesús.

Por último, fue a Éfeso, como había prometido. Éfeso era una gran ciudad con un espléndido templo dedicado a la diosa Diana. Las personas acudían de muchos lugares lejanos para verlo. Algunos de los que vivían allí se habían vuelto cristianos, pero la mayoría de ellos adoraban los dioses romanos y muchos practicaban la magia.

Ellos tenían pesados libros de hechizos y pequeños pergaminos con atractivos caracteres, que llevaban consigo para que les trajera suerte.

Cuando Pablo arribó a Éfeso, comenzó a enseñar a la gente sobre Jesús. También sanó a muchos enfermos en el nombre de Jesús y expulsó espíritus de demonios. Pronto la gente se convenció de que Jesús era más poderoso que cualquier magia.

Algunos de los cristianos que habían practicado la magia, comprendieron que no era algo bueno y decidieron romper con eso para siempre. Solemnemente trajeron sus libros y pergaminos al mercado e hicieron una gran fogata. Miles de libros costosos fueron quemados. Estas noticias se esparcieron pronto y por ello muchas personas creyeron en Jesús.

Disturbios en Éfeso

Había muchos orfebres en Éfeso que ganaban dinero haciendo estatuillas de la diosa Diana y su templo. Después que Pablo estuvo allí tres años, ellos se preocuparon.

—Si las cosas siguen como van —refunfuñaban ellos—, no habrá quienes adoren a Diana nunca más. Todos serán seguidores de Jesús y nos quedaremos sin trabajo. Cuando los vecinos de la ciudad oyeron esto se enfurecieron y comenzaron a gritar: "¡Que viva Diana! ¡Que viva Diana!"

Ellos encontraron a dos de los amigos de Pablo y los arrastraron al teatro donde el público se había reunido. Durante dos horas la gente gritó y gritó. Nadie podía calmarlos. Pablo quería intentarlo, pero sus amigos no lo dejaron ir. Era demasiado peligroso. Por último, el escribano de la ciudad se hizo oír.

"Nosotros sabemos que nuestra diosa Diana es grande y poderosa. Nadie discute eso. Pero ustedes han traído a esos hombres aquí, aunque no hayan hecho nada criminal. Si tienen quejas, háganlas en las cortes legales. No desprestigien el nombre de Éfeso por causa de un disturbio".

La multitud escuchó al escribano de la ciudad y se fueron a sus respectivas casas sin causar más problemas. No obstante, Pablo sabía que no tenía seguridad para permanecer allí.

Él dejó Éfeso y continuó su viaje para visitar la mayoría de las iglesias que él había ayudado a establecer en sus primeros viajes. Después de varios meses, Pablo decidió regresar a Jerusalén.

Eutico

En el camino, él y sus amigos se detuvieron en el puerto de Troas. Ellos permanecieron con los cristianos de aquel lugar, y en la última tarde se reunieron todos para adorar a Dios. La reunión se produjo en una habitación en lo más alto de un edificio y había allí una multitud.

La gente se sentó sobre el piso, o sobre el alféizar de las ventanas. Lámparas de aceite colgaban del techo y el aire estaba viciado y cálido. Pablo comenzó a hablar. ¡Tenía tanto que decir antes de irse! Uno de los jóvenes, llamado Eutico, que estaba sentado sobre el alféizar de la ventana, comenzó a cabecear. Su cabeza se inclinó hacia atrás y antes que alguien pudiera ayudarle, se cayó de la ventana y se estrelló contra el suelo.

Sus amigos bajaron las escaleras corriendo, pero él estaba muerto.

—¡No se preocupen! —Pablo puso sus brazos alrededor de Eutico mientras hablaba—. ¡Miren! ¡Él está vivo!

Eutico abrió los ojos y después se levantó. Rebosando de alegría sus amigos lo ayudaron a subir otra vez las escaleras y allí estuvieron hasta la mañana, alabando a Dios y escuchando el mensaje de Pablo.

Pablo se despide de los efesios

En el viaje de regreso a Jerusalén, Pablo pasó cerca de Éfeso nuevamente, pero no quería perder tiempo deteniéndose allí. Entonces envió un mensaje a los líderes de la iglesia, pidiéndoles que se reunieran con él en el puerto donde estaba anclado el barco. Cuando ellos llegaron, Pablo les habló en tono solemne.

—Yo no sé lo que me ocurrirá en Jerusalén. Dios me ha avisado que espere problemas y encarcelamientos dondequiera que vaya, pero eso no me preocupa. Lo único que deseo es terminar la tarea que Dios

me ha dado: enseñar acerca de Jesús a todo el que yo pueda. Así que, por favor, oren por mí y manténganse firmes siguiendo al Señor.

Entonces Pablo y los líderes se arrodillaron y oraron juntos. Muy tristes se despidieron. Ellos sabían que nunca más volverían a ver a Pablo.

El mensaje de Agabo

El barco llevó a Pablo y sus amigos a través del mar. Una vez más, hicieron escala en el puerto de Cesarea. En este tiempo estuvieron con Felipe, quien había bautizado al tesorero de la reina de Etiopía. Él tenía cuatro hijas que seguían a Jesús.

Mientras estaban con Felipe llegó un hombre llamado Agabo. El Santo Espíritu de Dios le dijo a él que la vida de Pablo estaba en peligro. Agabo intentó prevenirlo. Tomó el largo cinturón de Pablo y ató sus propias manos y sus pies.

—¡Así atarán los judíos de Jerusalén al dueño de este cinturón y entonces lo entregarán a los romanos! —dijo él.

Enseguida, todos le rogaron a Pablo que no regresara a Jerusalén. Algunos tenían lágrimas en los ojos, mientras trataban de convencerlo para que se quedara. A pesar de ello, Pablo dijo:

—No deben llorar de esa forma. Me están destrozando el corazón. ¿No ven que estoy preparado para morir por mi Señor Jesús?

Ellos intentaron persuadirlo aun con más ardor, para que cambiara de idea, pero él rehusó escucharlos. Al final, ellos desistieron.

—Debemos dejárselo todo al Señor —dijeron ellos—. ¡Él está en control de todo y debemos hacer lo que Él quiere, porque eso es lo mejor!

PABLO, EL PRISIONERO
Pablo en peligro

Finalmente, Pablo llegó a Jerusalén. Los cristianos le dieron una calurosa bienvenida, pero estaban preocupados porque sabían que Pablo tenía allí muchos enemigos. En efecto, no transcurrió mucho tiempo antes que sus enemigos lo persiguieran.

Fue divisado en las calles con un amigo de Éfeso. Cuando lo vieron sus enemigos la próxima vez, Pablo estaba en el templo donde solo a los hombres judíos se les permitía estar. De inmediato pensaron que había llevado a su amigo efesio con él.

—¡Mátenlo! —gritaron ellos—. ¡Él está violando nuestras leyes sagradas al traer extranjeros a nuestro santo templo!

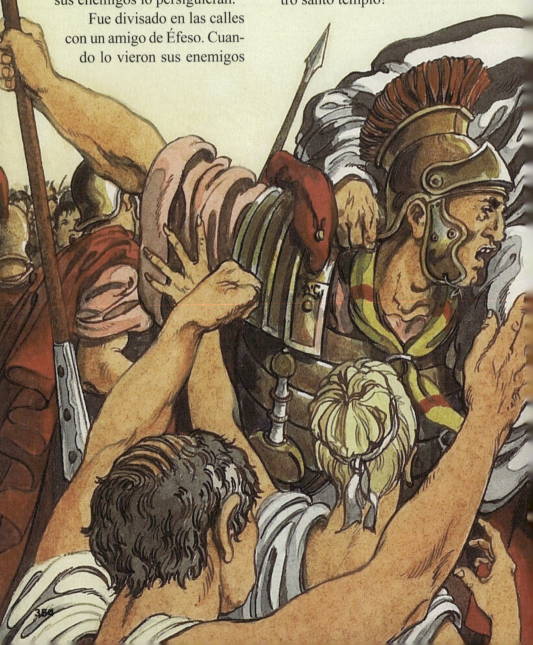

354

Pablo es arrestado

Enseguida una multitud se reunió y expulsó a Pablo del templo. Mientras lo hacían, le golpeaban y le daban patadas, gritándole llenos de ira. Entonces, alguien avisó al comandante de los soldados romanos en Jerusalén, que había un disturbio. Sin demora, tomó algunos hombres y marcharon hacia el templo. Detuvo a la multitud que agredía a Pablo y tuvo que arrestarlo. Los soldados lo levantaron sobre sus hombros y se lo llevaron de allí para evitar que la multitud lo matara. Pablo intentaba explicar a la multitud acerca de Jesús, pero ellos no quisieron escuchar.

355

El comandante romano no comprendía lo que Pablo había hecho para enfurecer a la multitud. Ordenó a sus hombres que azotaran a Pablo hasta que él confesara. Entonces, los soldados encadenaron a Pablo y lo ataron a un poste. Pablo, con tranquilidad les dijo que él era un ciudadano romano.

¡Ellos habían quebrantado la ley al atarlo a un poste sin haber celebrado antes un juicio! Lleno de ansiedad, el comandante le preguntó a Pablo:

—Yo tuve que comprar mi ciudadanía romana. Me costó mucho dinero —dijo.

—Yo soy ciudadano romano de nacimiento —contestó Pablo serenamente.

Asustado, el comandante soltó las cadenas que ataban a Pablo.

Pablo ante el concilio

El comandante aún no estaba seguro de lo que Pablo había hecho para enojar tanto a los judíos. Por eso al día siguiente, lo llevó ante el concilio.

Pablo los enfrentó con serenidad y comenzó a explicar lo ocurrido. De inmediato, el sumo sacerdote ordenó a alguien que le golpeara la boca.

Pablo se enojó. No era legal pegar a un prisionero.

—¡Ustedes son unos hipócritas! —gritó él—. ¡Dicen que yo he quebrantado las leyes de Dios, pero ustedes están haciendo lo mismo!

—¿No sabes que hablas con el sumo sacerdote? —dijeron los que estaban parados cerca de él.

Pablo se disculpó. Él sabía que en la ley se prohibía hablar mal de las autoridades del pueblo.

—Hermanos —expresó—. No he hecho nada malo. ¡Estoy en este juicio simplemente por creer que Dios resucitará a los muertos!

En ese momento, algunos del concilio creyeron esto también, pero otros no. Ambas partes comenzaron

a discutir lo que Pablo había dicho. Se enojaron tanto que el comandante romano temió que pudieran despedazar a Pablo entre ellos y ordenó a sus soldados que lo pusieran a salvo.

Esa noche Pablo vio a Jesús junto a su cama.

—¡No temas, Pablo! —dijo Jesús—. ¡Has hablado con valentía acerca de mí aquí en Jerusalén, y debes hacer lo mismo en Roma!

El mayor deseo de Pablo era hablar de Jesús en Roma, la gran ciudad donde gobernaba el emperador. Ahora, quizá por esta circunstancia, su deseo sería satisfecho. A pesar de todo, él se sintió feliz.

La conspiración

—Pablo piensa que ahora está a salvo con los romanos, pero a pesar de todo lo apresaremos —rezongaron sus enemigos.

Juraron que no comerían ni beberían hasta dar muerte a Pablo.

—Pediremos a los principales sacerdotes que hagan enviar a Pablo ante ellos para interrogarlo aun más y en el camino, nos deshacemos de él—conspiraban ellos.

Pero no se percataron del pequeño muchacho que en las sombras, había escuchado toda la conversación. ¡Era el sobrino de Pablo! Este se deslizó en silencio y se dirigió al cuartel para advertir a su tío.

Enseguida Pablo llamó a uno de los guardias. Este tomó al chico, lo llevó ante el comandante y en una esquina donde no pudieran oírlos, este le preguntó:

—¿Qué tienes que decirme, hijo? Al escuchar la historia que relató el muchacho, lo envió de regreso a casa y le advirtió que no podía comentar ni media palabra. Luego dispuso doscientos soldados, setenta jinetes y doscientos lanceros, para conducir a Pablo fuera de Jerusalén en cuanto anocheciera.

—¡Llévenlo a salvo a Cesarea y que el gobernador Félix se encargue del caso!

El comandante escribió una carta a Félix que decía: "Los líderes del templo estuvieron a punto de asesinar a este hombre, pero supe que es un ciudadano romano. Por ello me adelanté para salvar su vida. Al parecer ha quebrantado leyes de los judíos.

No puedo culparlo de crimen alguno contra Roma. Sus enemigos continúan conspirando contra él y por ello lo envío a ti".

Esta no era toda la verdad, pero el gobernador Félix jamás podría averiguar que él había encadenado a un ciudadano romano y permitido que le pegaran sin hacerle primero un juicio.

Pablo abandonó Jerusalén a salvo, protegido por hombres armados. Él sabía que Dios lo estaba cuidando.

Pablo es conducido ante Félix

Cinco días después, el sumo sacerdote y otros líderes religiosos se apresuraron a Cesarea para contarle a Félix su versión de la historia.

—Queremos que Su Excelencia sepa que el prisionero Pablo es un hombre muy peligroso. Él ha viajado por todo el imperio provocando disturbios entre los judíos —dijeron ellos—.

Él vino a Jerusalén, pero lo arrestamos en el templo cuando estaba provocando más problemas allí.

—Fui al templo a orar, no a provocar problemas —replicó Pablo—. Yo adoro a Dios al igual que esos hombres, pero soy seguidor de Jesús. Estoy en este juicio por decir a todos que Dios resucitó a Jesús de los muertos.

Félix decidió salir del paso fácilmente: —Oiré el caso de Pablo más tarde —dijo.

Él también esperaba, que si dejaba a Pablo en prisión el tiempo suficiente, este le daría dinero a cambio de ser puesto en libertad. Por eso, Félix jamás llevó a Pablo a otro juicio. Lo mantuvo bien encerrado, pero permitió que sus amigos lo visitaran.

El nuevo gobernador

Por último, después de dos años, un nuevo gobernador ocupó el lugar de Félix. Su nombre era Festo. Él quería complacer a los sacerdotes del templo y por ello pidió a Pablo que fuera a Jerusalén para un nuevo juicio. Pablo sabía que lo matarían, de poner los pies en la ciudad.

—Yo soy un ciudadano romano —alegó Pablo—. No he cometido ninguna falta. No son ciertos ninguno de los cargos que los líderes judíos han traído en contra de mí. Quiero que el Emperador romano trate mi caso.

¡Apelo a que mi caso sea transferido a Roma!

Este era uno de los derechos que tenía Pablo como ciudadano romano. Festo estuvo de acuerdo.

Mientras se hacían los arreglos para el viaje de Pablo, el rey y la reina de Judea llegaron a darle la bienvenida al nuevo gobernador. Festo les habló acerca de Pablo y el rey Agripa pidió verlo. La corte entera se reunió a escuchar su historia. Con entusiasmo, Pablo les contó todo lo que él había hecho para que dondequiera que fuera, las personas conocieran acerca de Jesús.

—Jesús es el rey especial que Dios nos prometió. Él tenía que ser castigado y morir, pero Dios lo levantó de la muerte —explicaba. Festo lo interrumpió:

—¡Estás loco, Pablo! —gritó. Pero el rey Agripa no estaba tan seguro.

Él conversó un rato con Pablo y se dirigió a Festo.

—Si Pablo no hubiera apelado a César, tú lo habrías puesto en libertad —dijo—. Él no ha hecho nada malo.

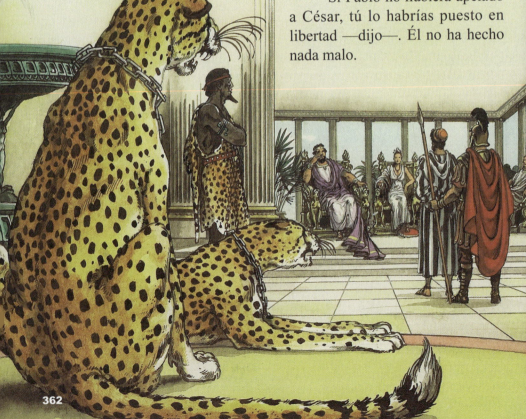

Pablo naufraga

Al final del verano, Pablo embarcó hacia Roma. Iba custodiado por un oficial llamado Julio. Dos de los amigos de Pablo, Lucas y Aristarco viajaban con él. Julio vio que Pablo era un buen hombre, diferente de los peligrosos criminales que con frecuencia había custodiado. Él trataba bien a Pablo y cuando el barco hizo escala en un puerto llamado Sidón donde Pablo tenía amigos, le permitió visitarlos. Ellos se pusieron muy contentos al ver a Pablo y le entregaron toda clase de cosas útiles para la larga travesía hacia Italia.

Los vientos de otoño comenzaron a soplar cuando ellos se embarcaron de nuevo. Una vez que estuvieron en Creta, Pablo le advirtió al capitán del barco que no navegara más allá hasta que pasara el invierno.

Sin embargo, Julio y el capitán estaban ansiosos por llegar a Roma y decidieron continuar el viaje.

Casi habían acabado de dejar el puerto, cuando comenzó a soplar un viento huracanado. El barco era lanzado en todas direcciones. Con desesperación arrojaron al agua la carga de a bordo para hacer más ligera la embarcación, pero aun así, ellos no podían tenerla bajo control. Durante dos semanas estuvieron a la deriva.

Solo Pablo tenía la esperanza de que estarían a salvo.

—Dios me reveló en un sueño que llegaríamos a Roma —dijo él—. Yo debo tener mi juicio ante César. El barco se perderá, pero Dios nos protegerá a todos.

A la decimocuarta noche los marineros supusieron que estaban cerca de tierra. Asustados por si el barco chocaba contra las rocas, echaron el ancla al agua y esperaron para bajar. Pablo insistió en que comieran y descansaran. Al ver lo tranquilo que él estaba, se animaron y se alimentaron un poco.

El primer resplandor del amanecer les mostró una costa estrecha y desconocida. Con mucho cuidado los marineros intentaron guiar el barco hacia la orilla.

¡Ellos no vieron el banco de arena que bloqueaba el camino hasta que el barco arremetió contra ella! El barco se hundió enseguida, mientras las olas batían contra la popa.

Los soldados querían matar a Pablo y a otros prisioneros que estaban a bordo para evitar que huyeran en la confusión, pero Julio los detuvo. Él ordenó que aquellos que supieran nadar saltaran al agua y nadaran hacia la orilla. El resto usaría las tablas del barco como flotadores.

Así fue, según la palabra de Pablo, que todos llegaron a salvo a la tierra seca.

Pablo y la víbora

Una vez en la orilla descubrieron que estaban en la isla de Malta. La temperatura estaba fría y comenzó a llover. Los amables isleños encendieron una gran fogata para ellos y Pablo se ocupó de reunir palos. Él se disponía a lanzar unas ramas secas al fuego cuando una víbora, huyendo del calor, se le prendió en la mano.

Los isleños lo vieron, horrorizados.

—¡Es evidente que este hombre es un asesino! Él pudo escapar del naufragio, pero ha sido condenado a muerte por sus crímenes —dijeron ellos.

Pablo sacudió a la víbora y esta cayó en el fuego. Los isleños esperaban que él se hinchara o muriera lentamente, producto del veneno. Al ver que nada ocurrió, estaban muy impresionados.

—Debe ser un dios —decidieron.

El padre del gobernador

El oficial principal de la isla, un hombre llamado Publio, vivía cerca de la playa donde Pablo y los demás desembarcaron. Publio les dio una calurosa bienvenida y los invitó a permanecer con él aunque su padre estaba enfermo en la casa.

—¡Dios nos rescató! ¡Estoy seguro de que Él sanará a su padre! —dijo Pablo.

Él colocó sus manos sobre el anciano y oró. El padre de Publio se recobró de inmediato. La noticia corrió por toda la isla de Malta y muchos enfermos acudieron a Pablo para ser curados.

Más impresionados que nunca, los agradecidos isleños trajeron regalos para Pablo. Cuando él se embarcó de nuevo, llevó para el barco toda clase de cosas útiles para reemplazar las que habían perdido en la tormenta.

Pablo y sus amigos llegaron a Italia sin más incidentes. Desembarcaron en un puerto repleto y comenzaron un largo viaje hacia Roma por tierra. La noticia de su llegada llegó a los cristianos de Roma y ellos se apresuraron a las afueras de la ciudad para encontrarse con él. Pablo estaba muy contento con la bienvenida que le dieron y agradeció a Dios por haberlo traído a salvo.

Pablo todavía era un prisionero. Él tenía permiso para vivir en una casa alquilada, pero tenía un soldado junto a él todo el tiempo para custodiarlo. Él no podía alejarse de la casa, pero muchas personas venían a visitarlo. Escribió cartas a sus amigos de los muchos lugares que él había visitado, ayudándoles en sus problemas y dándoles ánimo para seguir el camino de Jesús dondequiera que estuvieran.

LAS CARTAS DE PABLO
Onésimo

—¡Maestro! ¡Tu esclavo Onésimo que había escapado, regresó! —dijo un mensajero casi sin aliento corriendo hacia Filemón, el amigo de Pablo—.

Él viene de Roma con una carta de Pablo para ti.

—¿Y qué pretende obtener de mí? —gritó Filemón con furia—. Un esclavo que escapa merece ser ejecutado.

—¡Tráiganlo enseguida!

Onésimo entró con la carta de Pablo. Filemón abrió el sello y desenrolló el pergamino. De repente, recordó las palabras de Jesús: "Perdona a aquellos que te hacen daño..." Filemón era un seguidor del Maestro y muchos cristianos que vivían cerca venían a adorar a Dios en su hermosa casa. Su enojo comenzó a desaparecer.

"Hermano Filemón —escribió Pablo—. Le doy gracias a Dios por ti cada vez que oro".

Filemón se ablandó y continuó leyendo.

"Onésimo se ha convertido. Él es ahora como un hijo para mí. Ha sido de gran ayuda en la prisión. Me gustaría quedarme con él para que me ayudara, pero te pertenece. Si él robó algo, yo te lo pagaré. Como verás, ahora él es mucho más que un esclavo para ti. Es un hermano en Cristo. Por favor, dale una bienvenida al regresar como si él fuera yo. Estoy seguro de que harás lo que te pido; de hecho, yo sé que harás aun más".

Filemón pensó en Pablo encadenado en la prisión. Él leyó de nuevo la carta, pensativo. Finalmente, se volvió hacia Onésimo que esperaba en silencio junto a él.

—¡Bienvenido a casa! —dijo y le extendió sus brazos.

Padres e hijos

Pablo escribió en una de sus cartas: "Hijos, obedezcan a sus padres. Es lo correcto. Es uno de los mandamientos que Dios nos dio hace muchos años y está acompañado de una promesa. 'Si ustedes obedecen a sus padres todas las cosas les irán bien.'

"Padres —continúa Pablo—. No molesten ni amenacen a sus hijos. Solo conseguirían resentimiento y enojo de parte de ellos. En vez

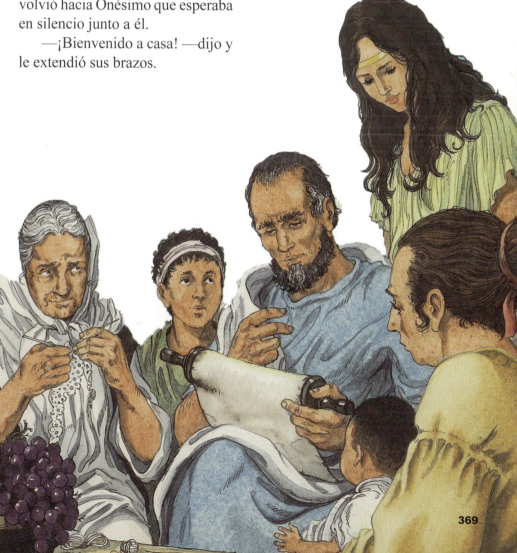

de esto, trátenlos con amor y denles consejos positivos. Disciplínenlos cuando sea necesario. Pero sobre todo, enséñenles acerca de Jesús".

La gran carrera

Pablo observaba desde su ventana. En la calle, una multitud vitoreaba a un joven atleta que había ganado una carrera. En la cabeza llevaba su premio, una corona de laureles verdes. Pablo pensó en las carreras que había presenciado cuando estaba libre. Él recordó con cuanto entusiasmo los atletas intentaban ganar coronas. Entrenaban durante meses y pensaban que no había nada más importante que las competencias.

Sonriendo, Pablo volvió a la carta que estaba escribiendo.

"Seguir a Jesús es como correr una carrera en el estadio —escribió—. No quiero estar descalificado ni quedarme atrás. Continúo esforzándome, corriendo con fuerzas para alcanzar el premio que Dios me dará. Su premio no será algo pasajero como una corona de laurel. Es para siempre. Su premio es estar con Jesús y compartir su gloria. Tú debes correr esta carrera también. ¡Entrénate ahora y corre bien para ganar el premio!"

Una carta a Timoteo

Pablo estuvo en prisión por mucho tiempo. Muchos de sus amigos lo abandonaron. Unos lo dejaron para trabajar en otras ciudades. Solo Lucas se quedó con él. Pablo ansiaba ver a sus antiguos amigos. Escribió a su joven ayudante Timoteo, que trabajaba en Éfeso.

"Haz lo que puedas por venir a verme pronto y trae también a Marcos contigo, porque sé que él me ayudará. Cuando vengas trae la capa que dejé en Troas. ¡Hace mucho frío aquí en Roma en el invierno! También trae mis libros y pergaminos para que pueda seguir trabajando en la prisión. Mi vida está cercana a su fin. He corrido la carrera y estoy esperando mi premio".

Cuando la carta llegó, Timoteo la leyó enseguida, contento de ser útil al viejo amigo que tanto amaba. Tan pronto como pudo, empaquetó sus pertenencias y se marchó a buscar a Marcos para que hicieran juntos el largo viaje a Roma.

EL TRABAJO CONTINÚA
Los cristianos en Roma

El soldado que cuidaba a Pablo se sentó en una esquina de la habitación poco iluminada. Como era usual, toda clase de personas se aglomeraban para adorar a Jesús. Judíos y romanos, griegos y asiáticos, mujeres, hombres, niños y esclavos, todos mezclados libremente. El soldado nunca había visto algo semejante. Él escuchaba mientras ellos cantaban: "Jesús murió en una muerte cruel de cruz —comenzaron ellos en tono suave y sus voces se fueron alzando—, pero Dios lo llevó a lo alto. El mundo entero se inclinará ante Él porque Jesús es el Señor, quien trae la gloria a Dios el Padre".

Su alabanza resonaba en las paredes de la habitación en penumbras, alta y triunfante.

"Todos en Roma deberían escuchar esto" —pensó el soldado. Muy pronto todos conocerán acerca de este Jesús.

Él tenía razón. En muy poco tiempo, las multitudes oirían a hombres, mujeres y niños cantar alabanzas a Jesús, mientras eran conducidos a morir por él, a solo treinta años de su propia muerte y resurrección. El mismo Pablo, estuvo entre aquellos que murieron, pero las lecciones que él enseñó acerca de Jesús se han esparcido a través del mundo entero.

LA VISIÓN DE JUAN
Juan ve a Jesús

Junto a Pablo, muchos cristianos fueron castigados por ser seguidores de Jesús. Juan, el pescador que había sido amigo del Señor cuando él estaba vivo en la tierra, fue arrestado por los romanos y enviado a vivir a la pequeña isla de Patmos. En ese entonces, Juan era un anciano y aunque la isla se veía hermosa cuando el sol brillaba y a los lados de los montes surgían plantas y frutos de bellos colores, él estaba triste por vivir en soledad. No podía ver a sus amigos ni reunirse con otros cristianos para adorar a Jesús con ellos.

A pesar de sus dificultades, todavía Juan amaba y adoraba al Señor Jesús. Un día, cuando estaba orando, Dios le habló a Juan. Él escuchó una voz que sonaba tras él como una trompeta.

Juan se volteó y vio a Jesús de pie junto a él, rodeado por siete candelabros de oro. Su rostro brillaba como el sol y todo su cuerpo resplandecía. En su mano derecha, sostenía siete estrellas. Juan se arrodilló ante él.

—¡No temas! —dijo Jesús—. Yo soy el único que existía en el principio y estaré todavía al final del tiempo. Estuve muerto, pero ahora vivo para siempre.

Su voz inundó la tranquila isla como el rumor de una estruendosa cascada.

—Estos siete candelabros y estas siete estrellas son para las iglesias de siete lugares. Tengo un mensaje para cada una. Escribe todo lo que oigas y veas.

Entonces Juan escribió todo lo que oyó y vio.

Cartas a las iglesias

Primero, Juan escribió los mensajes a las siete iglesias tal y como Jesús le había dicho.

"Sé que ustedes no han renunciado a su fe —escribió a la primera iglesia—, incluso a pesar de haber sido maltratados. Pero algunos de ustedes no me aman tanto como acostumbraban y han comenzado a comportarse mal. Cesen de hacer cosas malas y escuchen a mi Espíritu Santo. Hay un hermoso árbol en el huerto de Dios y yo les daré sus frutos a los que ganen una victoria para mí".

Jesús habló a las demás iglesias de una forma más o menos parecida,

advirtiéndoles que fueran obedientes y fieles para que pudieran compartir su victoria y su gozo.

Él habló severamente a la séptima iglesia. "Ustedes piensan que son fuertes, poderosos y ricos, pero en realidad son débiles y pobres pues no confían en mí. Regresen a mí. Yo les daré todo lo que necesitan. Miren, yo estoy afuera de su puerta. ¿No pueden oírme tocando? Abran la puerta y déjenme entrar. Nos sentaremos y cenaremos juntos con gozo".

Dios como Rey

Después de esto, Dios le mostró a Juan cómo era el cielo. Una puerta ancha se abrió y Juan vio un trono real. Alguien estaba sentado allí, cuyo rostro resplandecía como si

fuera de piedras preciosas. Un arco iris rodeaba el trono y la persona sentada en él era tan poderosa y poseía tanta gloria, que todo lo que Juan podía ver eran relámpagos deslumbrantes de luz. Él escuchó un estruendo interminable. Miró hacia abajo y vio siete antorchas ardiendo delante del trono, reflejadas en algo semejante a un mar del más puro cristal, que se extendía frente al trono.

Seres magníficos se postraban ante el trono donde estaba sentado Dios. Ellos cantaban todo el día y toda la noche, sin cesar: "Santo, Santo, Santo es el Señor, el único rey del mundo antes de su comienzo y más allá de su final".

Veinticuatro líderes se quitaron sus coronas de oro y las pusieron a los pies del trono de Dios, como señal de que Él era su rey. Las alabanzas no cesaban, expresaban una eterna gratitud hacia Dios. Mientras Juan escuchaba, comprendió que no importaba con cuanta maldad intentaran dañar a los cristianos el Emperador romano y otros gobernantes, Dios realmente estaba en control de todo y siempre lo estaría.

Juan escribió todo lo que había visto y oído. Él sabía que las iglesias atacadas por adorar a Jesús se fortalecerían al leer cuán poderoso y maravilloso es Dios.

La nueva Jerusalén

Finalmente, Dios mostró a Juan un cielo nuevo y una nueva tierra. Él oyó la voz de Dios que decía: "¡Mira, yo estoy haciendo todo nuevo!" Vio una hermosa novia que se dirigía a su boda. "Todas las cosas tristes y viejas han desaparecido—dijo la voz—. Dios borrará sus lágrimas y secará sus ojos. Ahora no hay muerte, ni tristeza ni llanto, ni heridas".

—Ven Juan —dijo el ángel—. Te voy a mostrar la novia que Jesús ama.

El ángel llevó a Juan a la cima de una montaña y vio una ciudad semejante a Jerusalén, toda iluminada y resplandeciente, llena de la gloria de Dios. Allí no había templo, pues el mismo Dios estaba en medio de ella y Jesús estaba con él, más refulgente que las calles de oro.

—Yo soy la estrella de la mañana —dijo Jesús—. Voy pronto. No había oscuridad en la ciudad en lo absoluto, y sus puertas permanecían abiertas.

—Ven, repitió el Espíritu Santo, quien le mostró a Juan el cielo.

"Ven —escribió Juan—. Vengan todos. ¿Estás sediento? Jesús es como un vaso de agua fría. Ven entonces, porque todo esto es cierto y Jesús dice que viene pronto".

"¡Ven pronto, ven muy pronto Señor Jesús!" Con estas palabras, Juan terminó su libro.

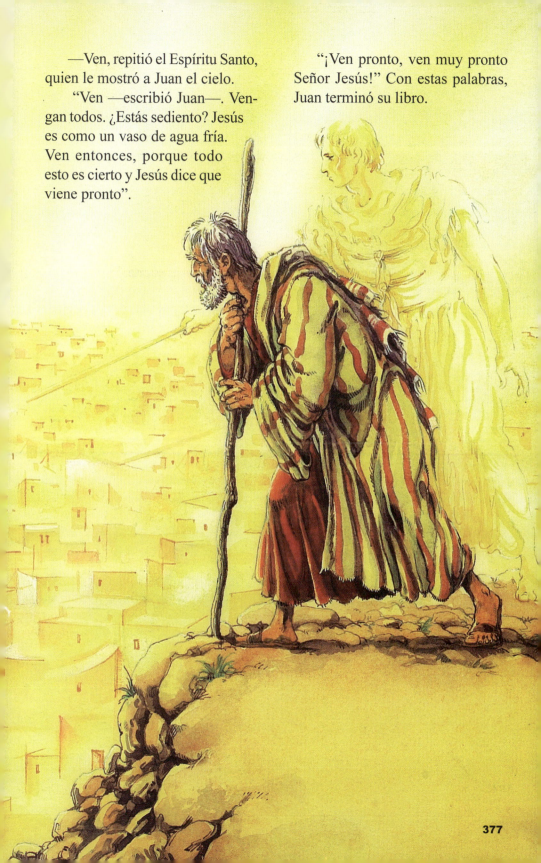

RÍO DANUBIO

MAR ADRIÁTICO

RÍO TÍBER

⑩ ● ROMA

Monte Vesubio ▲

ITALIA

MACEDONIA

TESALÓNICA ●   ● FILIPOS

BEREA ●

GRECIA

MAR JÓNICO

MAR EGEO

ASIA ⑨

TROAS ●

SICILIA

▲ Monte Etna

ATENAS ●

CORINTO ●   ● ÉFESO

ESPARTA ●   PATMOS

MALTA ●

CRETA

MAR MEDITERRÁNEO

N

LIBIA

ALEJANDRÍA

Lugares de la Biblia y sucesos

③

E G I P T O

Escala 0   50   100   200   300   400   500   750 Millas

0 50 100 200   300   400   500   750   1000   1200 Kilómetros

①

ARARAT
El arca de Noé
descansó aquí
después del diluvio.

②

MESOPOTAMIA
El huerto del Edén
estaba aquí. Harán
era el país de
Abraham.

③

EGIPTO
José llegó como
esclavo y se convirtió
en Primer Ministro.
Los israelitas vivieron
en esclavitud aquí
hasta el éxodo.

④

SINAÍ
Dios le dio a Moisés
las leyes escritas en
dos tablas de piedra.

⑤

PALESTINA
Donde la mayoría de
los sucesos bíblicos
tuvieron lugar,
desde el rey David,
la construcción del
templo hasta la vida
de Jesús.